동물권

생각이 크는 인문학_동물권

지은이 장성익
그린이 이진아

1판 1쇄 인쇄 2023년 1월 2일
1판 1쇄 발행 2023년 1월 11일

펴낸이 김영곤
키즈사업본부장 김수경
기획편집 이유리 **에듀2팀** 이영애 김은영 이유리
아동마케팅영업본부장 변유경
아동마케팅1팀 김영남 황혜선 황성진 이규림
아동마케팅2팀 임동렬 이해림 안정현 최윤아
아동영업2팀 한충희 강경남 오은희 김규희
디자인팀 이찬형

펴낸곳 (주)북이십일 을파소
출판등록 2000년 5월 6일 제406-2003-061호
주소 (우 10881) 경기도 파주시 회동길 201(문발동)
연락처 031-955-2100(대표) 031-955-2177(팩스)
홈페이지 www.book21.com

ⓒ 장성익, 2023

ISBN 978-89-509-9136-4 43300

책 값은 뒤표지에 있습니다.

• 제조자명 : (주)북이십일
• 주소 및 전화번호 : 경기도 파주시 회동길 201(문발동) / 031-955-2100
• 제조연월 : 2023.01.
• 제조국명 : 대한민국
• 사용연령 : 8세 이상 어린이 제품

생각이 크는 인문학

㉓ 동물권

글 장성익
그림 이진아

을파소

목차

머리글 8

1장

동물에 대해 얼마나 알고 있나요?

4장

동물권은 어떻게 발전되어 왔을까요?

5장

동물을 위해 어떤 일을 할 수 있을까요?

인류와 동물이 더불어 살아가는 생명 평화의 길

오늘 여러분은 동물을 만났나요? 만났다면 어떤 동물인 가요? 오늘날 우리는 개나 고양이 같은 반려동물을 제외하 면 일상에서 살아 있는 동물을 접하기가 쉽지 않습니다.

1만여 년 전만 해도 이 세상은 야생동물의 천국이었습니 다. 하지만 지금은 크게 달라졌습니다. 무게를 기준으로 지 구상에 존재하는 모든 포유류 가운데 야생 포유류는 5퍼 센트도 채 되지 않습니다. 나머지 95퍼센트 이상은 인류와 이들이 사육하는 가축이 차지하고 있지요. 조사 결과에 따 라 조금씩 다르긴 하지만 대략 인류가 30~35퍼센트, 가축 이 60~65퍼센트 정도라고 합니다. 이것만 보아도 오늘날 인류가 지구와 생물계 전체를 얼마나 압도적으로 지배하고 있는지를 잘 알 수 있습니다.

그렇습니다. 현대 사회에서 수많은 동물이 본래 고향이자 삶터인 자연이 아닌 사람이 만든 축사나 농장, 동물 실험실, 동물원 등에 갇혀 평생을 지냅니다. 문제는 이들 동물이 사람이 저지르는 온갖 학대 아래에서 극심한 고통을 받고 있다는 점입니다. 동물이 오로지 사람의 욕구와 필요를 채우는 도구로만 쓰이는 탓입니다.

오늘날 대다수 동물은 사람이 소비하다가 쓸모를 다하면 버리는 물건에 지나지 않습니다. 소, 돼지, 닭 같은 축산동물이 대표적입니다. 예를 들어 인류가 한 해에 소비하는 닭은 600억 마리에 이릅니다. 동물이 사람에게 필요한 고기나 물건을 대량 생산하는 기계의 부속품으로 전락했다고 해도 과언이 아니지요.

그러나 잊지 말아야 합니다. 동물 또한 엄연한 생명체라는 사실을 말입니다. 동물도 사람과 다르지 않은 고통과 즐거움을 느낍니다. 저마다 고유한 개성과 능력, 습관과 취향을 지니고 있고요. 본성에 따라 살고자 하며 자유롭고 행복하게 생활하기를 원하는 것은 동물이나 사람이나 마찬가지입니다.

아니 무엇보다, 사람 자체가 동물입니다. 우리는 모두 동물로서 하나의 커다란 지구 가족을 이루고 있습니다. 사람은 만물의 우두머리나 척도가 아닙니다. 우주의 유일한 주인공도 아닙니다. 사람이라는 동물과 사람이 아닌 동물들은 서로 관계없는 남남이 아니라 이 세상을 함께 구성하고 더불어 살아가는 동료이지요.

동물권, 곧 동물의 권리를 주제로 한 이 책은 이런 생각을 바탕에 깔고 있습니다. 핵심은 동물에게도 권리가 있으며 인류가 동물을 어엿한 권리의 주체로 대해야 한다는 것입니다.

동물권이라는 말이 좀 낯설게 들리나요? 그럴지도 모르겠습니다. 사실 우리 앞에는 동물권의 발전을 가로막는 수많은 걸림돌이 가로놓여 있습니다. 동물은 열등하고 하찮은 존재여서 마음대로 다뤄도 된다는 고정관념, 사람만이 우월하고 특별하며 고귀한 존재라는 편견 등 인간 중심의 사고방식에 기초하여 만들어지고 굳어져 온 다양한 사회 경제 시스템이 깊이 뿌리내리고 있지요.

하지만 세상은 변하고 있습니다. 모진 동물 학대와 차별로 얼룩진 오랜 역사를 넘어 세계 곳곳에서 동물권을 적극적으로 주장하고 인정하는 바람이 갈수록 거세게 불고 있습니다.

동물은 과연 어떤 존재이며 동물권은 왜 필요할까요? 동물권과 인권은 무엇이 같고 다를까요? 동물 학대는 왜 벌어지며 그 구체적인 실상은 어떠할까요? 동물권의 역사는 오늘날까지 어떻게 펼쳐져 왔을까요? 동물권을 위해 우리가 해야 할 일은 무엇일까요? 『생각이 크는 인문학』 동물권 편은 단번에 알기 어려운 동물권이라는 개념을 잘 이해하고 생각하는 데 도움을 주는 동물권 안내서입니다.

문명의 발달과 함께 인류는 자연스레 동물을 이용하면서 살게 되었습니다. 동물을 이용하지 않고 살아가는 인류의 삶은 떠올리기 어렵지요. 그렇지만 오늘날 인류가 벌이는 동물 학대와 착취는 지나치게 극단적이고 잔인합니다. 그 규모 또한 상상을 초월할 정도로 너무 큽니다. 이래도 될까요?

지구상의 모든 것은 서로 연결되어 있습니다. 사람은 자연의 한 부분이자 동물의 일원이지요. 그래서입니다. 동물을 바라보는 관점과 동물을 대하는 태도, 방식을 바꾸는 것은 우리 스스로가 더 높은 곳을 향해 나아가는 길이기도 합니다. 동물이 빛나야 사람도 빛납니다. 동물과 더 깊이 소통하며 동물에 더 많이 공감할수록 우리 삶은 더욱 풍요로워질 것입니다.

동물은 사람과 같기도 하고 다르기도 합니다. 옛날 옛적 원시 시대로 돌아가지 않는 한 우리는 동물을 이용하지 않을 수 없습니다. 하지만 동시에 동물은 우리와 매한가지로 존엄한 생명체입니다. 더불어 살아가야 할 동반자이지요. 어떻게 해야 사람과 동물이 조화롭게 공존할 수 있을까요? 이 중요하면서도 힘든 과제를 해결하는 데 하나의 '나침반' 이 될 수 있는 게 동물권 이야기입니다. 이 책이 사람과 동물이 함께 열어 가는 생명 평화의 길에 자그만 디딤돌이 될 수 있기를 소망합니다.

2023년 1월

장성익

1장
동물에 대해
얼마나 알고 있나요?

동물은 어떤 존재일까?

사람에게 인권이 있는 것처럼 동물에게도 동물권이 있다는 사실을 알고 있나요? 사람에게 인권이 있다는 건 누구나 아는 상식입니다. 이에 견주어 동물에게도 권리가 있다는 얘기를 들으면 여러분은 어떤 생각이 드나요? 아마 이런 의문이 들지도 모르겠습니다. '동물한테도 권리가 있다고? 동물을 괴롭히지 말고 친절하게 대해야 한다는 건가?' 사실 동물권이라는 말 자체가 낯설고 어색하게 들리는 건 자연스러운 일입니다. 동물은 사람보다 열등한 존재라는 생각이 워낙 깊이 뿌리내렸으니까요. 최근에야 조금씩 동물권이라는 개념이 사람들에게 알려지고 있지요.

동물권이라 하면 대부분 반려동물의 권리를 떠올릴 겁니다. 동물원에 사는 전시동물이나 자연의 야생동물, 사람의 필요에 의해 길러지는 가축, 즉 축산동물의 권리를 떠올리기란 어려운 일이지요. 사람들이 먹어 치우는 수많은 소, 돼지, 닭이 평소에 어디서 생활하는지, 이 동물의 고기가 내 입에 들어오기까지 어떤 일이 벌어지는지 알고 있나요?

마트나 시장에 가면 다양한 종류의 고기가 잔뜩 쌓여 있습니다. 언제든 돈을 주고 사서 먹으면 그만이지요. 고기를 먹으면서 들판을 자유롭게 돌아다니는 동물의 본래 모습을 생각하기란 쉬운 일이 아닙니다. 이처럼 오늘날 동물의 고기를 먹는 육식은 단순히 상품을 소비하는 행위가 되었습니다. 동물을 둘러싼 지금의 현실이지요.

고기 이야기는 하나의 예시일 뿐입니다. 현대 사회에서 동물은 한낱 상품으로 취급될 때가 아주 많습니다. 상품은 곧 물건입니다. 물건은 쓰고 버리면 그만이지요. 오늘날 동물의 참다운 모습은 이런 상품 뒤에 가려져 보이지 않게 되었습니다.

많은 현대인이 동물을 제대로 알지 못하고 동물이 처한 현실에 무감각해진 이유가 여기에 있습니다. 동물이 사람의 필요와 욕구를 채우고 버리면 그만인 물건으로 전락한 거지요. 그러니 동물에 대해 제대로 알고 더 나아가 그들에게 관심과 애정을 갖기란 애당초 기대하기 힘든 일입니다.

동물의 권리를 이야기하려면 우선 동물이란 어떤 존재인

★ **야성** 생명체가 지닌 자연이나 본능 그대로의 성질.

지 알아야 합니다. 미국의 작가 잭 런던 (1876~1916)의 『야성*의 부름』은 동물이 어떤 존재인지 생각해 볼 수 있는 소설입니다. 사람에게 버려져 거칠고 혹독한 알래스카 대자연에서 오로지 생존을 위해 맨몸으로 온갖 시련에 부딪히며 살아가다, 끝내는 자기의 정체성을 깨닫고 자연의 품으로 돌아가는 늑대개 벅의 일생을 흥미진진하게 그린 작품이지요.

이 책은 1903년 발표 당시는 물론 그 뒤로도 세계적으로 큰 인기를 얻었어요. 특히 이 소설의 주인공이 사람이 아닌 늑대개라는 점이 사람들의 눈길을 끌었지요. 사람이 동물을 관찰해 묘사하는 게 아니라 늑대개 벅 스스로 생각하고 말하는 것이 소설 안에서 그대로 표현됩니다.

무게 65킬로그램에 이르는 거대하고도 늠름한 몸집을 지닌 벅은 미국 남부에 위치한 밀러 판사의 저택에서 평화롭게 살고 있었습니다. 판사 가족들과 함께 뛰놀거나 사냥을 나가는 등 사람들의 따뜻한 돌봄을 받으며 지냈지요.

그런데 어느 날 도박에 빠져 돈이 필요했던 저택의 정원사 조수 마누엘이 몰래 벅을 팔아넘겨 버렸어요. 그 뒤 벅은 여기저기 정처 없이 팔려 다니다 결국은 우편물을 나르는 썰매개로 혹사당합니다. 사람들은 벅을 곤봉과 채찍 따위로 매질하며 일을 시켰어요. 게다가 벅은 다른 동물의 공격도 막아 내야 했지요. 졸지에 험난한 생존 투쟁의 세계로 내던져진 벅은 모진 추위와 굶주림을 견디며 차츰 살아남는 법을 터득해 나갔습니다. 벅은 고된 시련을 겪으며 자기 안에 숨어 있던 '야성의 힘'을 점차 되찾게 됩니다. 결투를 벌여 썰매개 무리의 우두머리가 되기도 했어요.

하지만 벅의 고난은 계속되었습니다. 황금에 눈이 먼 새 주인을 만난 벅은 금광을 찾아 알래스카를 향한 위험한 길을 떠납니다. 그 바람에 사람은 물론 벅을 비롯한 썰매개 모두가 죽음의 위기에 빠졌지요.

이때 손턴이라는 사람이 나타나 벅을 구해 주었어요. 대다수 사람들이 벅을 돈벌이의 도구로 부려 먹었지만 손턴은 벅을 진심으로 이해하고 사랑해 주었지요. 벅 또한 손턴을 충심으로 따랐고요.

그런데 어느 날 손턴이 알래스카 원주민의 공격을 받아 죽고 맙니다. 벅과 사람을 이어 주던 마지막 끈이 끊어진 거예요. 혼자가 된 벅은 점점 생생하게 들려오는 어떤 목소리에 강렬하게 이끌립니다. 그 목소리는 바로 자연이 외치는 부름의 소리였어요. 불안과 욕망, 달콤함과 기쁨이 묘하게 뒤섞인 야성의 부름이었지요. 야성이 내뿜는 생명력은 워

낙 강력해서 거부하기 힘듭니다. 강한 생명력을 지닌 자연의 부름에 벅은 마침내 야성이 지배하는 자연의 세계로 들어가 늑대 무리의 우두머리가 되며 소설은 끝이 납니다.

본디 개의 조상은 늑대입니다. 벅은 처음엔 밀러 판사의 저택이라는 문명 세계에 속했지만 저택에서 쫓겨난 뒤 삶과 죽음을 넘나드는 고된 시련을 겪으며 늑대라는 자기의 정체성을 되찾아 갑니다. 자기가 누구인지 깨달은 벅은 스스로 야생 늑대의 삶을 선택해 그 길을 걸어가지요. 벅이 돌아간 야생의 자연 세계에는 이전에 겪어 보지 못한 낯선 위험이 도사리고 있을지도 모릅니다. 그런데도 벅은 두렵고 불안한 미래를 선택했습니다. 벅은 그런 용기와 힘을 어떻게 낼 수 있었을까요?

『야성의 부름』에서는 인류의 문명과 대비되는 야성의 자연이 지닌 근원적인 힘과 건강함이 도드라집니다. 벅의 파란만장한 삶의 여정은 동물이 참된 자유와 행복을 누리는 길이 어디에 있는지 일깨워 주지요. 야성의 부름에 응답하는 것, 곧 자기의 본성에 따라 사는 것이라고 말입니다.

우리는 모두 동물이다!

사람은 지구상에 존재하는 약 5,500종에 이르는 포유류 가운데 하나입니다. 이는 너무나 명백한 사실입니다. 우리는 모두 동물이에요. 많은 사람들이 이 사실을 종종 잊어버리거나 알면서도 가볍게 여기곤 하지만 말입니다.

유전학적으로도 사람과 동물은 크게 다르지 않아요. 과학자들의 연구 결과에 따르면 사람과 침팬지의 유전자 구조가 98.4퍼센트나 같다고 합니다. 고릴라와는 97.7퍼센트, 오랑우탄과는 96.4퍼센트가 같아요. 소와 쥐의 유전자 구조와도 약 80퍼센트 이상이 같지요. 이런 사실에 지나치게 큰 의미를 부여할 필요는 없습니다. 유전자 구조를 분석하는 방식에 따라 다른 결과가 나올 수 있고 양적으로 작은 차이가 질적으로는 큰 차이를 만들 수 있으니까요.

외려 더 중요한 것은 사람과 동물이 본성과 특성이라는 측면에서 별반 다르지 않다는 점입니다. 사람만이 도구와 언어를 사용할 줄 알고 의사소통할 수 있을까요? 사람만이 지능과 감정을 가졌을까요? 사람만이 서로 협동할 줄 알까요? 전혀 그렇지 않습니다. 동물도 사람과 마찬가지로 억압, 구속, 학대, 착취 따위에서 벗어나 자신의 본성과 욕구에 따라 스스로 원하는 대로 살기를 소망하지요. 사람이든 동물이든 온전한 삶을 살기를 원하는 것은 똑같습니다. 늑대개 벽의 이야기는 동물에게도 사람이 가진 삶의 빛, 삶의 이유, 삶의 의미가 있다는 것을 잘 보여 줍니다. 동물도 사람과 마찬가지로 현재의 어려움을 이겨 내고 미래를 살아 갈 능력을 갖추고 있지요.

동물은 저마다 다채로운 능력을 지니고 있습니다. 침팬지 같은 유인원*은 도구를 일상적으로 사용합니다. 이를테면 나뭇가지로 벌레를 잡고, 돌을 이용해 단단한 열매껍질을

> ★ **유인원** 긴팔원숭이, 오랑우탄, 고릴라 등 사람을 닮은 특정 포유류를 이르는 용어.

까고, 이끼를 스펀지처럼 활용하지요. 일부러 남을 속이기도 해요. 웃음을 터뜨리기도 하고요. 돌고래와 코끼리는 거울에 비친 자기 모습을 알아보고 요리조리 살피지요. 이들 동물은 모두 자기를 인식하고 의식적으로 행동합니다.

의사소통할 줄 아는 동물도 많습니다. 사람이 그렇듯 서로 사랑하고 친구들과 어울려 신나게 놀 줄도 알고요. 뭔가에 잔뜩 호기심을 느끼거나 집착하기도 해요. 다양한 생각과 감정을 자기 나름의 방식으로 표현하지요. 동물도 기쁨, 슬픔, 사랑, 즐거움 등의 감정을 모두 느낍니다. 다만 표현의 방식과 형태가 사람과 다르고 사람의 언어를 사용하지

않아서 우리가 정확하게 알아차리지 못할 뿐입니다. 사람들이 흔히 말하는 '말 못하는 동물'은 사실이 아닐뿐더러 온당치 못한 표현이지요.

특히 동물도 사람과 똑같이 고통을 느끼고 경험합니다. 동물들은 신체적인 고통을 당하면 울부짖거나 몸을 뒤트는 등의 반응을 보입니다. 실제로 등뼈가 있는 포유류, 어류, 조류, 양서류★, 파충류★ 등의 척추동물은 사람과 비슷한 신경 구조를 지니고 있어요. 동물과 사람이 비슷한 고통을 느낀다는 과학적인 증거이지요.

★ **양서류** 개구리, 도롱뇽 등 어류와 파충류의 중간으로 땅 위와 물속에서 사는 동물군.
★ **파충류** 공룡을 비롯해 도마뱀, 거북, 악어, 뱀 등이 속해 있는 동물군.

동물들은 공포 같은 정신적이고 심리적인 고통도 느낍니다. 불안과 공포를 느끼면 가만있지 못하고 흥분하며 주변을 날카롭게 경계하지요. 숨이 가빠지거나 찔끔찔끔 오줌을 싸기도 해요. 이는 반려동물을 키워 본 사람이라면 누구나 흔히 경험하는 일입니다. 짝이나 가족이 죽었을 때 죽은 동물의 사체 옆에서 며칠 동안 머무르거나 혼자 틀어박혀 깊이 슬퍼하고 애도하는 동물도 있어요. 이처럼 동물이 고통에 반응하는 모습은 사람과 다르지 않습니다.

어쩌면 동물은 같은 상황에서 사람보다 더 큰 고통을 겪는지도 모릅니다. 예를 들어 아픈 주사를 맞을 때 사람은 주사가 내 병을 치료하기 위한 것이며 당장은 아프더라도 곧 통증이 사라진다는 걸 알아요. 그래서 고통을 더 손쉽게 참을 수 있지요. 그렇지만 동물은 이러한 인식을 하지 못하니 고통을 더 크게 느낄 수밖에요.

동물이 저마다 고유한 생각, 욕망, 의사소통 능력, 고통을 느낄 수 있는 능력 등을 가지고 있다는 것은 동물도 자율적인 존재로서 자기 나름의 정신적인 삶과 삶의 내면을 지니고 있음을 의미합니다. 사람과 마찬가지로 동물 또한 살아 있는 생명체로서 존엄성을 보장받고 행복하게 살 권리가 있지요.

물론 사람과 동물이 완전히 같은 존재는 아닙니다. 사람인 우리가 동물의 생각과 감정을 완벽하게 이해할 수는 없습니다. 하지만 서로 다르다는 이유로 동물이 생명체로서 마땅히 누려야 할 삶의 자유와 기쁨을 부정하거나 무시해선 안 됩니다. 사람과 다른 존재라는 사실이 잘남과 못남을 판가름하고 동물 차별을 정당화하는 이유가 될 순 없으니까요.

사람과 동물은 다른 존재이기 이전에 모두 생명을 지닌 생명체입니다. 이는 생명체가 지닌 본질적인 공통점이지요.

그들도 졸리면 자야 하고

안 먹으면 배가 고프고

슬프고 아프면 울고

불안함과 무서움도 느낀다.

이들은 자기 모습을 인식하고
의식적으로 행동합니다.

우린 서로 다를 뿐
모두 똑같은 생명입니다.

그러므로 생명체를 따뜻하고 친절하게 대해야 한다는 건 사람과 동물 모두에게 똑같이 적용해야 할 도덕 원칙입니다.

그럼 동물들 사이에 나타나는 다양한 차이는 어떻게 보아야 할까요? 누가 더 우월하거나 열등한지 가르는 기준으로 생각해야 할까요? 그렇지 않습니다. 그저 다를 뿐입니다. 사람을 포함한 모든 동물은 주어진 환경에 저마다 다른 방식으로 적응하면서 진화의 길을 걸어 온 거예요.

예를 들어 어떤 동물은 도구를 사용할 줄 알지만 도구를 사용할 필요가 없는 동물도 얼마든지 있습니다. 어떤 동물은 다른 동물보다 훨씬 빨리 달릴 수 있거나 높이 날아다닐 수 있습니다. 멀리 떨어진 것을 잘 보거나 냄새를 매우 잘 맡는 동물도 있지요.

동물들의 이러한 다양한 능력은 더 뛰어나거나 뒤떨어짐을 판단하는 잣대가 아닙니다. 북극곰이 혹독한 추위 속에서 살아갈 수 있다고 해서 사람보다 더 우월하다고 말하지 않잖아요? 사람을 포함한 모든 생명체는 저마다의 필요에 따라 서로 다른 방식으로 살아갈 따름입니다. 서로의 다름을 인정하고 존중하는 마음가짐이 필요합니다.

사람과 동물의 관계는 언제부터 시작되었을까?

사람들은 동물을 어떻게 대해 왔을까요? 사람과 동물이 관계 맺기 시작한 출발점은 인류가 처음 지구에 등장한 까마득한 과거로 거슬러 올라갑니다. 사람과 동물의 관계는 인류가 처음 지구에 출현한 뒤 시대와 사회의 변천에 따라 바뀌어 왔어요. 특히 사람들이 살아가는 생활양식에 따라 크게 바뀌었지요. 이를 크게 세 단계로 구분할 수 있어요.

첫 번째 단계는 수렵과 채집의 시기입니다. 인류가 최초로 등장했다고 추정되는 200만~400만 년 전부터 농사짓기 시작한 1만~1만 2000년 전 정도까지의 기간이지요. 이 시절 사람과 야생의 동물은 별다른 차이가 없었습니다. 날것의 자연 상태에서 직접 생존에 필요한 것들을 구해야 했으니까요.

당시 사람들은 꼭 필요한 만큼의 동물만 사냥했어요. 사냥한 뒤에는 희생된 동물에게 감사하고 미안해하는 의식을 치렀지요. 지금도 지구 곳곳에서 살아가는 토착 원주민들의 삶에는 이런 관습이 남아 있습니다. 이때 동물은 사람과 자연을 연결해 주는 매개체였습니다. 둘 사이의 관계는 직접적이고 수평적이었지요. 그랬기에 사람들은 자기의 생존이 다른 생명체에게 깊이 의존하고 있다는 사실을 의식하며 살았습니다. 사람이 수많은 동물 중 하나일 뿐이었던 이런 생활 방식은 수백만 년 동안 지속되었어요.

두 번째 단계는 농경과 목축의 시기입니다. 농사를 짓고 가축을 기르는 것이 삶의 중심이었던 시기이지요. 1만~1만 2000년 전쯤에 빙하기가 끝나고 지구의 기온이 따뜻해졌습니다. 온화하고 안정적인 기후에 힘입어 인류는 농사를 짓기 시작했어요. 농사와 더불어 자연스럽게 가축을 길렀고요. 수렵과 채집의 시대가 저물고 농경과 목축의 시대가 열린 거예요.

사람들은 농사를 지으면서 집단을 이루어 정착 생활을 하게 되었습니다. 이는 곧 문명의 건설로 이어졌지요. 무기와 그릇 같은 도구를 만드는 기술이 발달하며 사람들은 큰 힘을 가지게 되었습니다. 그 힘으로 다른 동물들을 더욱 손쉽게 통제하고 관리했어요. 필요에 따라 여러 동물을 키우고 길들여 이용하기 시작했지요.

사람들은 개를 시작으로 양, 염소, 소, 말, 낙타, 돼지, 닭 등 여러 가축을 길렀어요. 이들 동물은 사람들에게 고기와 젖, 가죽, 털 등은 물론 고된 농사일에 필요한 노동력을 제공했어요. 사냥하거나 무거운 짐을 나르고 빠르게 이

동해야 할 때 요긴한 일꾼 역할을 했지요. 대신 사람들은 가축을 안전하게 관리하고 보살펴 주었어요.

중요한 건 당시 사람과 동물은 서로 도움을 주고받는 협력과 공생*의 관계를 유지했다는 점입니다. 가축이 된 동물과 사람이 유대감과 친밀감으로 연결되어 있었지요. 사람들은 동물과 같은 공간에 함께하면서 각각의 동물들에게 이름을 붙여 주거나 동물이 힘든 노동을 할 때 옆에서 노래를 불러 주기도 했어요. 가축을 기르는 규모가 크지 않아 사람과 동물이 일상적으로 서로 마주 보며 살았지요. 서로 친숙하지만 개별적인 관계를 유지할 수 있었던 것도 이런 배경입니다.

★ **공생** 서로 다른 존재가 도우며 함께 사는 일.

문명이 발전을 거듭하면서 인류는 자연을 더 강력하게 지배하고 통제하게 되었지만, 이것이 지나치게 폭력적이거나 파괴적이지 않았던 것이 농경과 목축 시기의 중요한 특징입니다.

사람과 동물의 연결고리가 끊어진 이유

그러다 마침내 세 번째 단계가 시작됩니다. 이때 사람과 동물의 관계는 이전과는 근본적으로 차원이 다른 엄청난 변화를 겪게 되지요. 바로 산업혁명 이후 본격적으로 펼쳐진 지금의 자본주의 산업 사회에서 말입니다.

산업혁명이란 18세기 중후반에 영국에서 시작되어 유럽과 세계 전역으로 퍼져 나간 급속한 기술 혁신과, 이와 맞물려 진행된 경제와 사회의 거대하고도 구조적인 변화를 말합니다. 산업혁명의 핵심은 기계화로 가능해진 대량 생산이에요. 이를 토대로 인류는 과거에 상상할 수 없던 엄청난 생산력의 발전을 이루었지요. 이 때문에 산업혁명은 인류 역사의 결정적인 전환점으로 평가됩니다.

산업혁명은 세상의 구조와 질서를 바꾸었어요. 사람들의 생활 양식에도 거대한 변화의 바람이 불어닥쳤지요. 무엇보다 돈과 이윤을 최고의 가치로 생각하는 자본주의 물질문명이 세상을 압도하면서 생명과 삶의 가치는 뒷전으로 밀려나게 되었습니다.

이때 사람과 동물의 관계에도 근원적인 변화가 일어났어요. 돈을 신으로 섬기는 물신주의가 기승을 부리며 사물이 아닌 생명마저 한낱 상품이나 도구로 취급받게 되었습니다. 사람의 통제 아래 놓인 절대적 약자인 동물은 물신주의에 물든 사람들의 맞춤 표적이었지요. 동물의 상품화가 본격적으로 진행되면서 동물은 일방적인 소비의 대상으로 전락했습니다.

산업혁명으로 인구가 급속도로 늘고 경제가 발전하면서 사람들의 생활 수준도 높아졌어요. 자연스럽게 고기에 대한 수요가 폭발적으로 늘었지요. 그 결과 사람들은 엄청나게 많은 동물을 사육하고 죽이게 되었습니다. 먹거리 생산 자체가 대규모로 산업화되었지요. 또 동물은 수많은 동물원의 놀잇감이나 구경거리로, 약품을 만들기 위한 동물 실험의 실험 재료로 마구 사용되었어요.

사람들의 사고방식에는 어떤 변화가 일어났을까요? 산업혁명으로 근대가 시작되고 두 가지의 세계관이 세상을 호령합니다. 바로 '이분법과 인간중심주의'입니다. 이분법은 사람과 자연을 서로 연결된 것이 아니라 분리된 것으로 보는 사고방식이에요. 이분법의 바탕에는 이기적인 인간중심주의가 깔려 있지요. 사람과 자연을 구분하고 지구의 유일한 주인이자 만물의 영장*인 사람이 자연을 마음대로 정복하고 지배해도 된다는 생각이 뿌리내리게 되었습니다.

★ 영장(靈長) 신기하고 묘한 힘을 지닌 우두머리라는 뜻으로 사람을 이르는 말.

이러한 인간중심주의의 이분법은 동물에게 고스란히 적용되었어요. 이성과 합리성을 지닌 사람은 우월하고, 반면

본능적이고 야만적인 동물은 열등한 존재라는 생각이 세상을 지배하게 되었지요. 근대 철학의 아버지라 불리는 프랑스 철학자 르네 데카르트(1596~1650)는 동물이 '움직이는 기계' 혹은 '자동인형'에 지나지 않는다고 말했습니다. 데카르트에게 동물이란 생각할 줄 모르고 지각 능력과 감정이 없으며 고통을 느끼지 않는 존재였지요.

데카르트는 동물이 고통당할 때 몸부림을 치고 비명을 지르는 행동을 보고도 자동인형이 움직이거나 기계 장치가 삐걱거리는 소리 같은 단순한 자극 반응이라고 생각했어요. 자연을 지배 대상이자 소유물로 여기는 데카르트에게 이런 인간 중심의 생각은 당연한 결론이었지요. 데카르트의 관점에서 동물을 생각하면 동물에게 심한 고통을 가해도 사람은 도덕적 책임감을 느낄 필요가 없습니다. 오늘날 우리 사회에 만연한 동물 학대의 바탕에도 이런 이분법과 인간중심주의의 사고방식이 깔려 있지요.

산업혁명 이후로 사람과 동물이 동반자로서 공존하던 시대는 종말을 고했습니다. 농경과 목축의 시대까지만 해도 사람들은 먹고사는 데 꼭 필요한 만큼만 동물을 이용했어요. 하지만 이제 동물은 물건과 다름없는 사람들의 대량 소비 상품으로 전락하고 말았습니다. 상품을 대량으로 소비하기 위해선 대량으로 생산해야 합니다. 오늘날 사람들은 자기에게 필요한 동물을 대량으로 만들어 내고 있습니다. 어마어마한 수의 축산동물과 실험동물을 인공적으로 생산하고 있지요.

이제 동물은 이전에 경험하지 못했던 커다란 고통과 학대의 쇠사슬에 꼼짝없이 묶이고 말았습니다. 사람과 동물을 이어 주던 공생과 공존의 연결고리가 끊어지고 서로가 공유하던 유대감도 사라져 버렸지요. 이것이 산업혁명 이후 지금까지 전 세계적으로 굳어진 사람과 동물 관계의 현실입니다.

기억해야 할 것은 사람과 동물의 관계가 이렇게 극적으로 바뀐 시기가 인류의 기나긴 역사에서 지극히 최근이라는 점입니다. 인류의 역사는 수백만 년 전으로 거슬러 올라가지만 동물이 지금과 같이 물건 취급을 본격적으로 받게 된 건 불과 200년 정도밖에 되지 않아요. 인류의 나이를 100살이라고 한다면 이 기간은 고작 며칠에 불과하지요. 동물에 대한 생각은 얼마든지 바뀔 수 있습니다.

동물을 올바르게 이해하는 데 결정적인 걸림돌이 되는 현대 사회의 고정관념 몇 가지를 되짚어 봅시다.

·사람만이 이 세상의 유일한 지배자이자 우주의 중심이다.
·사람은 자연이나 다른 생명체와 분리되어 있다.
·사람은 동물을 비롯한 다른 생명체보다 우월하고 가치 있는 존재이다.
·그러므로 사람은 동물을 마음대로 지배, 소유, 이용해도 되는 특별한 권리를 가진다.

다시 한 번 묻습니다. 동물은 어떤 존재일까요? 사람과 동물은 같기도 하고 다르기도 합니다. 우리는 이 같음과 다름이 이루는 절묘하고도 역동적인 균형 속에서 동물을 대하는 우리 행동의 원칙과 기준을 지혜롭게 찾아내야 합니다. 여기서 떠오르는 가장 중요한 열쇳말이 '동물권'이지요. 다음 장에서 본격적으로 동물권을 알아가 볼까요?

대체로 지구의 역사는 45억~46억 년 정도로 추정됩니다. 지구에 최초의 생명체가 탄생한 시기는 35억~38억 년 전쯤으로 어림잡지요. '진화론'은 지구의 오랜 역사를 이해하는 데 길잡이가 되는 이론입니다. 그 핵심은 1859년 영국의 생물학자 찰스 다윈(1809~1882)이 생물의 진화를 밝힌 책『종의 기원』에 담겨 있습니다.

다윈은『종의 기원』에서 인류를 포함한 모든 생명체는 신이 창조한 존재가 아니라 자연의 법칙에 따라 저절로, 그리고 우연히 이루어진 변화의 결과물이라고 주장했어요. 다윈의 주장은 기독교가 지배하던 당시 서구 세상을 뒤집어 놓았지요. 그때까지만 해도 기독교의 유일신인 하나님이 세상의 모든 생명을 만들었다는 '창조론'이 절대적인 진리로 통했으니까요. 그렇기에 당시에는 많은 사람들이 다윈을 믿지 않고 배척했지만, 오늘날에는 과학계뿐만 아니라 일반인들도 진화론을 널리 받아들이고 있습니다.

다윈의 진화론에는 몇 가지 중요한 개념이 있습니다. 그중 가장 중요한 첫 번째 개념은 '자연 선택'이에요. 여러 생물 가운데 환경에 가장 잘 적응한 생명체가 지구상에 살아남아 생존한다는 것이 핵심 내용이지요. 다윈은 '자연 선택' 이론을 두고 어떤 동물이 살아남은 건 지능과 힘이 뛰어나서가 아니라 단지 변화에 잘 적응했기 때문이라고 했어요.

두 번째 개념은 '공동 조상'과 '공동 후손'입니다. 모든 생물이 하나의 조상에서 비롯되었다는 겁니다. 모든 생물은 태초에 우연히 발생한 아주 단순한 하나의 생명체로부터 분화되어 나온 진화의 산물이고요. 이러한 다윈의 이론에 따르면 인류와 동물은 하나의 가족인 셈입니다.

하나님이 세상을 만들었다는 창조론의 바탕에는 신의 뜻이라는 특정한 목적과 방향이 있어요. 반면 다윈의 진화론에서 생물의 진화는 특별한 목적이나 필연적으로 정해진 방향 같은 건 없지요. 진화는 우연히 벌어진 사건 같은 거예요. 모든 생물은 자연 선택에 따른 우연의 산물이며, 진화란 우연히 벌어진 변화의 과정 그 자체이지요.

세 번째 개념은 '생명의 나무(Tree of Life)'입니다. 생명의 나무는 지금까지 살아 있거나 멸종한 모든 생물종의 진화의 흐름과 체계를 가지가 무성한 나무의 모양으로 나타낸 거예요. 보통 '진화'라는 단어를 들으면 흔히 생각하기 마련인 사다리 방식의 진화는 하등동물에서 고등동물로 '나아지는' 진화 형태입니다. 사다리 방식의 진화 형태에서 인류는 맨 꼭대기의 고등동물이에요.

하지만 진화는 사다리처럼 일직선으로 단계를 밟으며 무조건적으로 진보

하는 게 아닙니다. 진화는 정해진 규칙과 방향 없이 어느 시점에서 새로운 생물종이 갈라져 나오는 방식으로 이루어지지요. 다윈은 이러한 생물의 진화 형식을 사방팔방으로 뻗어 나가는 나무의 가지에 비유해 설명했습니다. 생명의 나무에 달린 수많은 가지 중 맨 끝에 있는 것이 바로 오늘날 존재하는 다양한 생물종이에요. 인류도 여기에 포함되지요.

다윈의 진화론에 따르면 모든 생물종은 어떤 생물종보다 우월하거나 열등하지 않아요. 인류는 가장 높은 수준의 고등동물이 아니라 진화의 과정에서 용케 살아남은 우연의 산물일 뿐입니다.

미국의 생물학자인 데이비드 조지 해스컬은 『숲에서 우주를 보다(The Forest Unseen)』에서 생명의 본질이 창조가 아니라 진화라는 사실을 받아들인다면 동물을 비롯한 다른 생명체에게 공감의 문을 닫을 수 없을 거라고 말했어요. 우리의 살이 곧 동물의 살이며 우리의 신경이 곤충의 신경과 동일한 설계도에 따라 만들어졌기 때문이라는 게 그 이유였지요.

인류를 포함한 모든 생명체는 지구를 함께 이루는 동등한 구성원이자 동료입니다. 우리와 다른 동물들의 관계도 마찬가지이지요.

알아보자!
다윈의 진화론

자연 선택
우연히 자연의 변화에 잘 적응한 생명체가 살아남았다!

그러고 보니…

유난히 목이 긴
친구들이
살아남았죠.

공동 조상
모든 생명이 하나의 조상에서 나온 결과물이다.

인간과
가장 가까운
동물이죠.

사족보행 원숭이

지금 신을 모욕하는 거냐?
세상은 신이 만들었다고!

생명의 나무
규칙과 방향 없이 갈라져
나오는 진화의 모습

나뭇가지처럼
생겼지.

TREE OF LIFE

이걸 보면 모든 생물은
진화의 과정에서 생겨난
우연의 산물이죠.

2장

왜 동물에게
권리가 필요할까요?

동물권이란 무엇일까?

　동물권은 한마디로 동물로서 당연히 가지는 기본적인 권리를 뜻합니다. 인권이 사람으로서 당연히 가지는 기본적인 권리이듯이 말이지요. 동물권 주장은 동물의 권리를 인정해 주어야 한다는 것입니다. 동물권은 인권의 확장판인 셈이지요.

　동물권과 비슷한 개념이 몇 가지 더 있습니다. 동물 보호와 동물 복지입니다. 동물 보호, 동물 복지, 동물권은 모두 동물을 바라보는 시각에 대한 개념입니다. 많은 사람들이 헷갈려하는 세 가지 개념의 차이를 짚고 넘어가 봅시다. 동물권을 보다 정확하게 이해하는 데 도움이 될 거예요.

　먼저 '동물 보호'의 개념에서 동물은 보호와 관리의 대상입니다. 사람이 해야 할 일은 단순히 동물을 보호하고 관리하는 일에 그치지요. 동물을 일종의 재산으로 대하는 거

예요.

'동물 복지'는 동물을 이용해야 할 대상으로 생각한다는 점에서 동물 보호와 비슷하지만 한 걸음 더 나아간 표현입니다. 동물을 이용하되 동물이 겪는 고통을 되도록 줄이고 그들이 기본적인 욕구를 충족할 수 있도록 복지를 제공하지요. 동물의 행복을 보다 적극적으로 보장하는 거예요.

반면 '동물권'은 두 개념보다 질적으로 한 차원 더 높습니다. 동물을 이용 대상이 아니라 권리의 주체로 인정하지요. 동물을 사람과 동등한 생명체로 받아들이는 거예요. 동물 복지가 동물을 위해 안락한 우리를 제공하는 거라면, 동물권은 우리의 문을 열고 동물이 그들의 본성대로 자유롭게 살아가도록 하는 겁니다.

세 가지 개념의 차이를 지나치게 부각하거나 강조할 필요는 없어요. 중요한 건 동물의 생명과 삶에 대한 존중을 확장해 가는 큰 방향 속에서 다양한 단계와 형태의 흐름을 만들어 나가는 일이니까요. 더 높은 수준의 동물권 인식과 실천으로 나아가기 위해 지금 할 수 있는 일을 행동으로 옮기는 것이 더욱 중요하지요.

피터 싱어와 톰 리건의 동물권 논의

동물을 함부로 대하는 행동이 나쁘다는 생각은 널리 퍼져 있습니다. 왜 우리는 동물을 함부로 대하면 안 될까요? 동물이 사람보다 약한 존재여서일까요? 무엇보다 동물은 권리의 주체이기 때문입니다. 동물권은 동물을 배려하는 데 그치는 소극적인 개념에서 나아가 동물을 권리의 주체로 인정하고 존중하는 적극적인 개념이지요. 동물도 사람과 마찬가지로 자기 생명의 주인이자 지구를 이루는 구성원이니까요.

왜 사람이 아닌 동물의 권리까지 인정해 주어야 할까요? 이 질문에 답하기 위해 꼭 만나야 할 두 철학자가 있습니다. 현대 동물권 논의의 기틀을 다지고 뼈대를 세운 피터 싱어(1946~)와 톰 리건(1938~2017)입니다.

먼저 오스트레일리아의 철학자 피터 싱어의 이야기입니다. 1975년 출간된 『동물 해방』이라는 책으로 유명한 피터 싱어는 흔히 동물 해방 운동의 상징으로 불립니다. 이 책에서 싱어는 '이익에 대한 동등한 고려의 원칙'을 주장해 당시 동물권 논의에 불을 지폈어요. 말이 조금 어렵고 딱딱하게 들리나요? 알고 보면 내용은 간단합니다. 말 그대로 모든 존재의 이익을 차별 없이 평등하게 고려해야 한다는 원칙이에요.

그렇다면 어떤 존재가 이런 평등한 고려를 받을 권리가 있는지를 판단하는 기준은 뭘까요? 그건 바로 고통과 즐거움을 느낄 수 있는 능력입니다. 핵심은 고통입니다. 평등은 지능, 언어, 능력, 합리적 판단력과 같은 것들에 따라 좌우되는 게 아닙니다. 설령 이러한 차이가 있더라도 누구나 똑같이 고통을 느끼지요.

인종차별주의와 성차별주의를 떠올리면 쉽게 이해할 수 있습니다. 흑인과 백인이 느끼는 고통은 다를까요? 여성과 남성이 느끼는 고통은요? 우리는 사람이라면 모두가 똑같은 고통을 느낀다는 걸 알고 있습니다. 동물도 마찬가지입니다. 사람과 같이 고통을 느끼는 존재이지요.

반면 동물이 사람보다 지능이 떨어지거나 언어 능력이 부족하다는 이유로 동물에게 권리를 부여해서는 안 된다고 주장하는 사람들도 있어요. 이는 잘못된 주장입니다. 갓난아이는 아직 지능이 발달하지 않았고 언어로 의사소통할 수 없는 존재입니다. 그렇다고 해서 갓난아이의 인권을 존중하지 않아도 되는 걸까요? 지적 장애가 있거나 뇌 손상을 당한 사람의 인권은요? 지능과 언어 능력은 사람과 동물을 나누는 기준이 될 수 없습니다.

　고통은 그 자체로 나쁩니다. 모두가 피하려고 하지요. 고통을 사람이 느끼느냐 동물이 느끼느냐 하는 것은 중요한 문제가 아닙니다. 싱어가 주장하는 평등의 원리는 고통을 느끼는 모든 존재의 고통을 동등하게 대할 것을 요구합니다. 사람이 아닌 동물에게도 사람과 똑같은 도덕적 원칙과 잣대를 적용해야 한다는 거지요.

　다음은 '동물 권리론'을 주장한 미국의 철학자 톰 리건의 이야기입니다. 동물도 사람과 마찬가지로 자기 삶의 주체로 살아갑니다. 욕망, 인식, 취향, 생존 의지, 고통과 즐거움을 느끼는 감정, 미래에 대한 감각, 목표를 이루기 위해 행동하는 능력을 가지고 있지요. 리건은 이를 갖춘 존재를 '삶의 주체'라고 부릅니다. 그리고 이러한 삶의 주체는 '본래적 가치'라는 특별한 권리를 갖는다고 주장했지요. 본래적 가치는 내재적 가치라고도 부릅니다.

　본래적 가치? 내재적 가치? 말이 좀 어렵나요? 본래적 가치란 다른 무언가를 얻기 위한 수단이 아니라 그 자체로서 목적과 의미를 지니는 가치를 말합니다. 본래적 가치의 반대말인 '도구적 가치'는 존재 자체가 아닌 다른 무언가를 얻기 위한 수단으로서 지닌 가치입니다. 동물을 생명이 아닌

상품으로 취급하는 행위는 동물을 고기나 가죽 등 무언가를 얻기 위한 수단으로 대하는 거예요. 동물을 그 자체로 존중하지 않는 거지요.

노예 제도 또한 사람을 수단으로 취급했던 대표적인 예입니다. 인권을 보장받지 못했던 노예는 자기 삶의 주체로서 개인의 자유와 행복을 스스로 결정할 수 없었습니다. 주인의 소유물이자 시장에서 사고파는 물건에 지나지 않았지요. 오늘날 노예 제도는 폐지되었습니다. 모든 사람의 인권을 존중해야 한다고 사회적으로 합의한 것이지요. 노예였던 사람들이 자기 삶의 주체로서 스스로의 삶을 살게 된 거예요.

동물을 도구로 이용하려면 권리의 주체로 인정할 수 없습니다. 권리가 있는 동물을 도구로 이용하는 행위는 이들의 권리를 침해하는 것이니까요. 이에 리건은 동물이 저마다 고유한 삶의 주체이며 태어날 때부터 본래적 가치를 지니고 있으므로 사람과 마찬가지로 생명으로서의 동등한 권리를 가진다고 주장합니다. 본래부터 가치 있는 존재를 대하는 가장 적절하고도 유일한 방법은 모두를 동등하게 대하는 것이니까요.

불타는 집에서 누굴 구해야 할까?

이런 질문이 나올 법도 합니다. "동물권 주장은 사람의 권리를 동물에게 똑같이 주어야 한다는 걸까?" 그건 아닙니다. 사람과 동물은 살아가는 방식과 필요한 권리가 서로 다르니까요. 고래나 돼지에게 투표권이 필요할까요? 늑대와 북극곰이 학교 교육을 받아야 할까요? 소나 닭에게 언론과 종교의 자유가 필요한가요? 동물을 권리의 주체로 인정하자는 것은 동물을 사람과 무조건적으로 똑같이 대해야 한다는 이야기는 아니에요.

불타는 집에 1명의 사람과 1마리의 개가 있다고 생각해 봅시다. 상황이 너무나 급박해 둘 중 하나만 구할 수 있다면 누구를 살리고 누구를 포기해야 할까요? 동물권을 알게 된 후에는 누구를 구해야 할지 망설여질지도 모릅니다. 하지만 피터 싱어와 톰 리건은 개가 아닌 사람을 구해야 한다고 말합니다. 사람을 살렸을 때 얻을 수 있는 것이 더 많기 때문이지요. 개보다 사람을 구하는 편이 더 합리적인 선택이라고 판단한 거예요.

피터 싱어는 원칙적으로 사람과 개의 이익을 동등하게 고려해야 하지만 이런 특수한 상황에서는 개가 아닌 사람을

구하더라도 종 차별이 아니라고 주장합니다. 추가적으로 생각해야 할 이익이 더 있기 때문입니다. 사람이 개와 비교할 때 미래를 꿈꾸고 설계할 능력이 더 뛰어나다는 것이지요. 개보다 사람이 지닌 미래에 대한 삶의 무게가 더 무겁고 삶의 기대가 더 크다는 겁니다.

톰 리건 또한 이런 극한의 상황에서는 사람과 개 모두 동등한 삶의 주체이지만 사람의 죽음이 개의 죽음보다 더 큰 손해를 끼치므로 개를 포기해야 한다고 주장합니다. 피터 싱어와 톰 리건의 선택이 자칫 인간중심주의로 생각될 수 있지만 이런 특수한 상황에서는 동물권 개념이나 이론에 비추어서도 그렇지 않다는 말이지요.

피터 싱어와 톰 리건의 동물권 주장은 서로 조금씩 다릅니다. 실제로 싱어와 리건이 논쟁을 벌인 적도 있다고 하지요. 불타는 집에서 개와 사람 가운데 누구를 구해야 하는가에 대한 논쟁도 두 사람이 서로 비판하고 반론을 펼치는 과정에서 자기의 주장을 보다 정교하게 펼치기 위해 인위적으로 설정한 아주 극단적이고 특수한 상황이라고 합니다. 중요한 건 두 사람의 이야기가 결국 하나로 모인다는 점입니다. 동물도 사람과 동등하게 권리의 주체로 인정하고 그럼으로써 사람과 동물이 평화롭게 공존해야 한다는 것이지요.

동물에게 권리를 주어야 한다는 주장은 사람과 동물을 무조건 형식적이고 기계적으로 똑같은 저울에 올리자는 말이 아닙니다. 동물권 주장의 본질은 동물이 부당한 고통과 차별을 당하는 것은 도덕적으로 잘못이며, 동물을 사람의 이익을 위해 수단으로 쓰이는 소모품이 아니라 생명과 삶의 주체로 존중해야 한다는 거예요.

동물권이 사람을 위해서도 필요하다고?

인류의 역사를 돌아보면 과거에 노예 제도가 있었습니다. 흑인이 혹독한 인종 차별을 당하기도 했지요. 하지만 오늘날엔 많은 나라에서 인종 차별을 법적으로 금지하고 있어요. 여전히 인종 차별을 하는 사람들도 있긴 하지만 말이지요. 여성 또한 오랜 세월 억압과 차별의 굴레 아래에 있었습니다. 아직 갈 길이 멀지만 지금은 많이 개선되었지요. 장애인도 마찬가지입니다.

오랫동안 노예, 흑인, 여성, 장애인 등의 사람들은 열등한 존재로 여겨졌습니다. 터무니없는 박해와 멸시를 당해야만 했지요. 오늘날 이들을 차별하면 명백한 불법 행위로서 처벌을 받거나 비도덕적인 행위로 강력한 사회적 비난을 받습니다. 부당한 고통을 강요당했던 당사자들을 비롯해 수많은 사람들이 이들의 자유와 권리를 위해 함께 연대해서 싸우고 노력한 덕분입니다. 문명이 발전해 온 과정을 한마디로 간추리면 차별과 억압을 줄이고 권리와 자유를 확장해 온 여정이었다고 할 수 있지요.

동물권을 주장하는 사람들은 인간중심주의를 넘어 동물을 자유와 권리를 지닌 존재로 인정해야 한다고 말합니다. 이를 위해선 편협하고 이기적인 사람만의 이익을 추구하는 데서 벗어나 모든 생명체에 대해 폭넓은 유대감을 발휘해야 합니다. 이로써 사람과 동물 사이에 가로놓인 장벽을 뛰어넘고 동물을 사람과 평등한 시선으로 바라보는 눈을 가질 수 있겠지요.

오늘날 동물은 사람과 비교해 절대적인 약자입니다. 수많은 동물의 생사가 사람의 손에 달려 있어요. 하지만 삶의 주체인 동물의 운명을 다른 존재가 좌지우지해선 안 된다는 걸 우리는 알고 있습니다. 동물도 스스로의 삶을 자기의 선택에 따라 살아갈 수 있도록 하는 건 사람을 위한 일이기도 합니다. 사람도 동물의 일원이며 우리는 모두 하나의 행성에서 서로 도움을 주고받으며 살아가는 존재이니까요.

동물권에 대해 '사람의 권리도 온전히 실현하지 못하는데 동물의 권리까지 보장해 주어야 할까?'라고 생각하는 사람들도 있습니다. 그런데 동물권은 동물만을 위한 것일까요? 그렇지 않습니다. 동물권은 사람을 위해서도 필요합니다.

2020년, 코로나19 바이러스로 수많은 사람이 목숨을 잃었습니다. 이 같은 재앙은 왜 일어났을까요? 코로나19 사태의 가장 큰 원인은 바로 인류의 지나친 자연 파괴입니다. 특히 동물의 서식지를 오염시키고 파괴했기 때문이지요.

코로나19 바이러스는 원래 사람이 아닌 동물들의 몸속에 있었습니다. 동물의 몸속에 있던 코로나19 바이러스가 사람의 몸으로 옮겨 와 마구 퍼지는 바람에 코로나19 사태가 발생했지요. 지나친 개발로 야생동물의 서식지가 훼손되어 야생동물이 사람들이 사는 곳까지 나오거나 사람이 야생동물의 서식지를 침범하는 바람에 동물과 사람이 만나 바이러스가 옮겨 간 거예요. 코로나19 사태를 자연의 반격이나 환경의 역습이라 부르는 까닭입니다.

코로나19 사태는 자연을 무분별하게 파괴할 때 우리에게 어떤 일이 닥치는지 생생하게 보여 줍니다. 지구의 모든 생명체가 건강하고 안전해야 사람도 그럴 수 있다는 사실을 일깨워 주지요. 자연이 아프면 사람도 아프고 자연이 병들면 사람도 병들게 됩니다. 동물도 마찬가지이지요. 동물이 건강하고 행복해야 사람도 그럴 수 있습니다. 동물권이 사람을 위해서도 필요한 까닭입니다.

동물권은 우리 사회에서 벌어지는 잔인한 범죄를 줄이는 데에도 도움이 됩니다. 동물의 권리와 범죄가 무슨 상관이냐고요? 동물에 대한 관점은 사람에 대한 관점으로 이어지기 마련입니다. 동물을 상품으로 취급하면 사람까지 상품으로 여기게 될 가능성이 커지지요.

일부 전문가들은 동물 학대와 폭력 범죄가 서로 관련있다고 말합니다. 실제로 미국에서 교도소 수감자를 대상으로 조사했더니 잔혹한 폭력 범죄를 저지른 사람들에게 동물 학대를 한 전력이 많았다고 합니다. 동물의 권리를 인정한다면 동물 학대도 줄어들 거예요. 범죄가 없는 평화롭고 안전한 세상을 만드는 것은 우리 모두의 소망입니다. 동물권은 이러한 사회를 만드는 데 밑거름이 될 수 있지요.

이뿐만이 아닙니다. 동물권은 인류의 식량 문제를 해결하는 데 보탬이 될 수 있어요. 오늘날 산업화된 축산 시스템은 가축에게 먹일 사료로 엄청난 양의 곡물을 낭비합니다. 비좁은 사육장에 수많은 가축이 빽빽하게 들어서 있지요. 전 세계에서 생산되는 옥수수의 4분의 1이 가축용 소

아니 사람 살기도 힘든데 동물의 권리까지 챙겨야 해?

사람의 삶과 연관이 깊거든!

환경의 역습

생태계 파괴로부터 퍼져 나간 바이러스

콜록~ 콜록~

코로나19

우리만 아플 줄 알았냐?

범죄의 시작

동물권의 확대는 동물 학대를 줄일 수 있고 나아가 범죄도 줄일 수 있습니다.

인류의 식량

산업화된 공장식 축산 시스템은 엄청난 양의 곡물을 소비한다.

평생을 갇혀 산다

옥수수 생산량의 1/4이 가축용 소의 사료로 소비

소를 그렇게까지 키우지 않으면 더 많은 사람이 먹고 살 텐데…

아…

들이 먹어 치우는 사료로 소비된다고 합니다. 만약 동물권이 보장된다면 동물 학대를 바탕으로 이루어지는 축산 시스템이 줄어들 거예요. 가축의 수가 줄면 낭비되는 곡물 또한 줄겠지요. 이는 인류가 굶주림에서 벗어나는 데 큰 보탬이 될 수 있습니다.

이처럼 동물권은 다양한 측면에서 인류의 복지를 살찌우는 데 도움이 됩니다. 동물의 행복과 인류의 행복은 긴밀하게 맞물려 있지요. 우리는 늘 지구의 모든 생명체가 자연 속에서 서로 연결되어 있다는 사실을 기억해야 합니다.

〈세계 동물 권리 선언〉

1978년 10월 15일 국제연합(UN, United Nations)의 전문 기구인 유네스코에서 〈세계 동물 권리 선언〉을 공포했습니다. 동물권 이야기에서 빠뜨릴 수 없는 아주 중요한 선언입니다. 인권이 소중한 만큼 동물권도 소중하다는 것을 국제 사회 전체가 공식적으로 인정하여 합의한 결과물이라는 점에서 그 의미가 자못 크다고 할 수 있지요.

〈세계 동물 권리 선언〉은 동물권의 핵심적인 원칙과 동물들이 누려야 할 권리의 주요 내용, 동물권을 위해 우리가 해야 할 일 등을 담고 있습니다. 동물권을 이해하는 데 꼭 필요한 사항들을 일목요연하게 제시하고 있지요.

〈세계 동물 권리 선언〉

서문

생명은 하나다. 모든 생명체는 공통의 기원을 가지며 종의 진화 과정에서 분화되었다. 모든 생명체는 태어날 때부터 권리를 가지며, 고통을 느낄 수 있는 신경 체계를 지닌 동물은 더욱 특별한 권리를 가진다. 이런 동물의 권리에 대한 경멸과 무지는 심각한 자연 파괴와 동물에 대한 범죄를 낳았고 지금도 낳고 있다. 인류가 다른 동물의 권리를 인정하는 것이야말로 이 세상에서 모든 생명체가 공존하고 상생할 수 있는 토대다. 사람이 동물을 존중하는 것은 다른 사람을 존중하는 것과 같다. 우리는 어릴 때부터 동물을 관찰하고 이해하고 존중하고 사랑하도록 배워야 한다. 이에 다음과 같이 선언한다.

제1조
모든 동물은 태어나면서부터 평등한 생명권과 존재할 권리를 가진다.

제2조
① 모든 동물은 존중받아야 한다.
② 인류는 동물의 한 종으로서 다른 동물을 모조리 죽이거나 비인도적으로 착취해서는 안 된다. 또한 동물의 복지를 위해 인류의 지식을 사용할 의무가 있다.
③ 모든 동물은 인류의 관심과 돌봄 그리고 보호를 받을 권리를 가진다.

제3조
① 어떤 동물도 부당한 대우를 받거나 잔인한 행위의 대상이 되어선 안 된다.
② 불가피하게 동물을 죽여야 한다면 그것은 고통 없이 즉각적으로 이루어져야 한다.

제4조
① 모든 야생동물은 땅이든 하늘이든 물이든 본디 그대로의 자연 환경에서 자유롭게 살아가고 후손을 낳아 기를 권리를 가진다.
② 교육적인 목적을 위한 것조차도 동물의 자유를 빼앗는 것은 이 권리를 침해하는 일이다.

제5조
① 일반적으로 사람에게 의존해 살아가는 동물은 그들 고유의 삶과 자유를 보장하는 조건과 리듬 속에서 살아가고 성장할 권리를 가진다.
② 개인이 상업적 목적 등 자신의 이익을 위해 이런 리듬이나 조건에 간섭하는 것은 이 권리를 침해하는 것이다.

제6조
① 모든 반려동물은 자연 그대로의 수명을 누릴 권리를 가진다.
② 동물을 내다 버리는 것은 잔인하고 타락한 행위다.

제7조
모든 사역동물 즉 사람을 위해 일하는 동물은 합리적인 시간과 강도로 일해야 하며, 탈진할 때까지 일해선 안 된다. 또한 필수적인 영양을 공급받고 휴식할 수 있어야 한다.

제8조
① 신체적이거나 심리적인 고통이 따르는 동물 실험은 그것이 의학, 과학, 상업, 다른 연구 등 그 어떤 목적을 위한 것이든 동물의 권리와는 상반되는 것이다.
② 동물 실험을 대체할 방법을 개발하고 사용해야 한다.

제9조
동물이 식품 산업에 사용되는 경우, 고통을 가하지 않는 방식으로 사육, 운송, 도살해야 한다.

제10조
① 어떤 동물도 오락 목적으로 이용되어선 안 된다.
② 동물을 전시하거나 구경거리로 만드는 것은 동물의 존엄성을 침해하는 일이다.

제11조
정당한 이유 없이 불필요하게 동물을 죽이는 것은 생명 파괴이자 잔인한 범죄 행위다.

제12조

① 야생동물을 대량으로 죽이는 것은 집단 학살이자 종에 반하는 범죄 행위다.

② 자연환경의 오염이나 파괴는 야생동물의 집단 학살과 멸종을 일으킬 수 있다.

제13조

① 죽은 동물의 사체는 존중하여 다루어야 한다.

② 동물의 희생 등이 포함된 폭력적 장면은 인도적 교육 목적이 아니라면 영화 및 텔레비전에서 금지해야 한다.

제14조

① 동물권 운동 단체들은 정부의 모든 단위에 대해 영향력을 가져야 한다.

② 동물권은 인권과 마찬가지로 법의 보호를 받아야 한다.

〈세계 동물 권리 선언〉을 토대로 동물에게 보장해야 할 권리를 다음과 같이 간추릴 수 있습니다. 이를 통해 동물권이란 무엇인지 되새겨 보아요.

· 생존하고 번식할 권리

· 생명 가치와 존엄성을 존중받을 권리

· 자유롭게 살아갈 권리

· 자연 본래의 능력과 습성을 발휘할 권리

· 적절한 서식지에서 생활할 권리

3장

오늘날 동물이 처한 슬픈 현실

고기를 먹기까지 무슨 일이 일어날까?

수많은 동물이 눈에 보이든 보이지 않든 지옥 같은 비참한 삶을 살아갑니다. 동물이 처한 고통스러운 현실을 제대로 알려면 어떤 동물을 살펴보아야 할까요? 대표적으로 세 가지 동물을 꼽을 수 있습니다. 가축 또는 농장동물이라 부르기도 하는 축산동물, 동물원에 갇혀 살아가는 전시동물, 동물 실험에 쓰이는 실험동물입니다. 모두 사람과 매우 밀접한 관계를 맺고 있는 동물입니다.

현대의 축산 방식을 '공장식 산업 축산'이라고 부릅니다. 비좁은 우리에 빽빽이 가축을 집어넣어 사육하는 방식이 마치 공장에서 물건을 찍어 내는 모습과 닮아 이런 이름이 붙었지요. 공장식 산업 축산의 핵심은 밀집 사육입니다. 최소한의 비용으로 최대한 많은 고기나 가죽을 얻기 위함이지요. 한마디로 공장식 산업 축산은 돈의 논리가 지배하는 방식입니다.

공장식 산업 축산 시스템에서 사육되는 수많은 가축들은 비참한 삶을 살아갑니다. 달걀을 낳는 닭은 아주 비좁은 상자형 닭장에 갇혀 평생을 살아가지요. 배터리 케이지라 불리는 이곳은 너무나 좁아서 닭들은 몸을 돌릴 수 없고 날개를 펼 수도 없어요. 극심한 고통과 스트레스를 받은 닭들이 서로를 쪼아 죽이기도 하고 심지어는 다른 닭에 깔려 죽기도 하지요.

고기를 얻기 위해 사육되는 닭은 태어난 지 고작 한 달이 지나면 도살당합니다. 고기를 빨리 얻기 위해 적은 사료만 먹고도 아주 빠르게 몸집을 키울 수 있도록 닭의 품종을 개량한 결과이지요. 특히 닭을 도살하는 과정은 말로 표현하기 힘들 정도로 끔찍합니다.

소는 어떨까요? 젖소는 우유를 생산하기 위해 인공적인 임신과 출산을 반복합니다. 송아지를 임신하고 낳아야 우유가 나오기 때문이지요. 어미 젖소가 송아지를 낳으면 곧바로 떼어 놓습니다. 강제로 어미와 떨어진 송아지에게는 어미의 젖을 먹거나 어미와 함께 지낼 잠깐의 시간조차 허락되지 않지요.

사람이 갓난아기일 때 모유를 먹는 것처럼 송아지는 우

유를 먹어야 합니다. 이것이 자연의 순리입니다. 하지만 공장식 산업 축산 시스템에서 우유는 돈벌이를 위한 상품일 뿐입니다. 젖소는 우유를 대량으로 생산하기 위한 도구에 지나지 않고요.

어미 젖소는 세 번 정도 출산하고 나면 도축장으로 보내져 짧은 생을 마치게 됩니다. 그 이후로는 우유 생산량이 급격히 줄어들어 돈벌이에 도움이 되지 않기 때문입니다. 게다가 젖소는 우유를 최대한 많이 생산하도록 품종을 개량한 탓에 지나치게 많은 양의 우유를 늘 몸에 담고 지내야 합니다. 그 결과 젖소의 몸 균형과 건강이 망가져 갖가지 질병으로 고통받을 때가 많지요.

고기를 얻기 위해 기르는 소는 좁은 감금 시설에서 사육당합니다. 자연에서 소의 수명은 20~25년 정도이지만 가축용 소는 대개 2~3년 만에 도축됩니다. 사료비를 절약하기 위해서이지요. 특히 부드러운 고급 송아지 고기를 얻기 위해 사육되는 송아지는 몸을 뒤척이기도 힘든 비좁고 어두운 곳에 갇혀 몇 달 정도만 생존하다 도축될 때가 많습니다. 움직임이 적을수록 더 부드러운 고기를 얻을 수 있다는 이유로 말이지요.

돼지도 마찬가지입니다. 고기를 얻기 위해 사육되는 돼지

우리들의 꿈

는 콘크리트와 강철로 만들어진 비좁은 축사에서 지냅니다. 자연의 돼지는 본래 사회성이 강해서 여럿이 모여 보금자리를 만들고 이리저리 돌아다니며 먹이를 찾아다닙니다. 땅을 파헤치는 것을 좋아하고요. 이러한 본성을 지닌 돼지가 죽을 때까지 몸을 제대로 움직이지 못하는 좁은 우리에 갇혀 산다는 건 평생 끔찍한 고문을 당하며 사는 것과 다르지 않습니다.

현대의 공장식 산업 축산의 사육 방식에서 가축은 고기, 우유, 알 따위를 빠른 속도로 생산하는 기계 장치의 부속품에 불과합니다. 이것이 우리가 고기를 손쉽게 먹는 비결이고요. 오늘날 공장식 산업 축산의 부끄러운 민낯입니다.

공장식 산업 축산은 환경에도 큰 영향을 미칩니다. 축산업에서 배출되는 온실가스가 전 세계 온실가스 배출량의 15퍼센트나 됩니다. 축산업은 물 낭비의 주범이기도 합니다. 세계 전체 물 소비량의 30퍼센트가 축산업에 쓰인다지요.

수많은 가축에게 먹일 사료를 생산하려면 사료를 만드는 재료인 옥수수와 콩 같은 곡물을 대규모로 재배해야 합니다. 대규모로 곡물을 재배하는 데 엄청난 양의 화학비료와 농약이 사용되지요. 그 바람에 야생동물의 안식처인 세계 곳곳의 숲이 대규모로 파괴되고 있어요. 곡물을 재배하기 위해 숲을 개발하는 탓입니다. 엄청난 크기의 축산 단지나 목축장을 만들면서도 숲을 파괴하고요.

　이처럼 공장식 산업 축산은 동물 학대는 물론 심각한 환경 문제를 일으킵니다. 환경 재난의 종합 선물 세트라고 불러도 지나친 말이 아니지요. 어떤가요? 내 입에 고기가 들어오기까지 동물들이 어떤 일을 겪는지, 지구는 어떤 일을 겪는지 한 번쯤은 생각해 볼 필요가 있지 않을까요?

동물원은 꼭 있어야 할까?

　동물원에 가 본 적이 있나요? 사람에게 잡혔든 야생에서 구조되었든 동물원에 들어온 전시동물은 대부분 좁은 우리 안에서 남은 평생을 보내게 됩니다.

　자연에서 살아가는 야생동물은 다양한 활동을 하며 지냅니다. 사냥감을 찾거나 둥지와 굴 같은 집을 만들기 위해 곳곳을 탐색하지요. 짝을 찾고 친구를 사귀어 서로 의사소통도 합니다. 또한 넓은 공간을 누비며 수백에서 수천 킬로미터씩 이동하거나 무리 지어 사는 동물도 적지 않아요.

　하지만 동물원에서는 이 모든 것이 거의 불가능합니다.

먹이와 잠자리가 제공되지만 늘 좁은 우리에 갇혀 있으니까요. 단지 먹고 누워서 빈둥거리거나 그것도 지겨워지면 가끔 이리저리 움직이며 같은 공간을 맴돌 뿐이에요. 그러다 보니 전시동물들은 늘 스트레스와 지겨움, 절망감, 외로움에 시달립니다. 스트레스를 심하게 받으면 반복적으로 비정상적인 행동을 보이기도 합니다. 우리 안을 끊임없이 왔다 갔다 하거나 머리를 좌우나 위아래로 계속 흔들고 쇠창살을 물어뜯기도 하지요. 동물원에서 병에 걸리거나 자연 수명보다 일찍 죽는 동물이 많은 이유입니다.

물론 지금은 사정이 많이 나아지긴 했습니다. 동물들이 좀 더 자연 상태에 가깝게 살 수 있는 환경을 만들고 세심하게 보살피려는 노력을 기울이지요. 하지만 동물이 인공 우리에 감금된 상황에서 고통받고, 전시되어 사람들의 구경거리가 된다는 사실은 변하지 않습니다.

심지어 우리나라는 2022년까지 동물원 등록제를 채택했습니다. 형식적인 요건만 갖추면 누구나 동물원을 만들어 등록해 운영할 수 있었지요. 하지만 동물을 사육하는 방침에 대한 내용이 엉성하고 사육 환경을 철저히 점검하는 절차와 의무가 없어 기본적인 자격조차 갖추지 못한 동물원이 수두룩했어요.

동물을 직접 만질 수 있는 체험형 동물원, 손님이 원하는 곳까지 동물을 데려가서 보여 주는 이동식 동물원 같은 유사 동물원이 그 예입니다. 라쿤이나 미어캣, 열대어 등의 야생동물을 전시하는 동물 카페도 성행하고요. 이들 유사 동물원에서는 동물의 본성에 아무런 관심과 배려가 없습니다. 동물을 돈벌이 수단으로 여기는 상업 시설일 뿐이지요.

반면 유럽연합(EU, European Union)의 여러 나라를 비롯해 동물권 선진국에서는 일찍이 동물원을 등록제가 아닌 허가제로 운영하고 있습니다. 동물원을 만드는 데 갖추어야 할 조건이 엄격한 데다 정부에서 최종적으로 허가해야만 운영할 수 있지요.

다행히 우리나라에서도 이런 움직임이 시작되었습니다. 2022년 11월 동물원 등록제를 허가제로 바꾸는 동물원수족관법이 국회 회의에서 통과된 거예요. 당시 이와 함께 야생동물 전시와 관리에 관한 야생생물법도 통과되었어요. 물론 동물원 등록제를 허가제로 바꾼다고 해서 우리나라의 동물원 실태가 하루아침에 달라지지는 않을 겁니다. 동물원 사육 환경과 시설 관리 등에 관한 구체적이고 엄격한 지침을 마련해야겠지요. 동물원이 허가 사항을 잘 지키는지 감시할 방안도 철저히 준비해야 하고요. 하지만 법적인 뒷

받침이 마련된 것만으로도 큰 걸음을 내딛은 셈입니다.

동물 실험의 빛과 그늘

조사 자료에 따르면 전 세계적으로 동물 실험에 사용되는 동물이 해마다 약 6억 마리에 이른다고 합니다. 어마어마하지요. 우리나라는 어떨까요? 농림축산검역본부의 발표에 따르면 2020년을 기준으로 약 415만 마리가 동물 실험에 사용된다고 합니다. 12년 전에 비해 약 5.4배 증가한 수치라고 하니 동물 실험이 계속해서 많아지고 있는 거지요.

동물 실험은 우리에게 다양한 이익을 안겨 줍니다. 그중에는 사람의 생명과 건강에 직접적으로 관련된 실험도 있어요. 그래서일까요? 공장식 산업 축산과 동물원을 반대하지만 동물 실험은 불가피하다며 찬성하는 사람들이 있습니다. 심지어는 동물 실험을 위해 쥐, 기니피그, 햄스터, 토끼 등 다양한 종류의 실험동물까지 생산하지요. 하지만 동물 실험의 실체를 들여다보면 그리 쉽게 이야기하기 어렵다는 것을 깨닫게 됩니다.

동물 실험의 가장 큰 문제는 실험 과정에서 잔혹한 동물 학대를 일삼는다는 거예요. 동물을 대상으로 어떤 제품의 독성을 실험하는 '드레이즈 검사'는 악명이 높은 동물 실험 중 하나입니다. 이 실험에는 대개 토끼가 사용됩니다. 토끼를 족쇄에 고정해 온몸을 묶고 목만 내놓게 한 뒤 토끼의 맨눈에 샴푸나 화장품, 잉크, 세제 따위의 실험 물질을 집어넣어요. 이런 실험을 몇 주에 걸쳐 계속하면서 토끼의 눈과 몸에 어떤 증상이 나타나는지 확인합니다.

실험을 당하는 동물의 처지에선 온몸이 꼼짝할 수 없도록 묶인 것만 해도 미칠 지경인데 눈이 타들어 가는 듯한 고통을 견뎌야 합니다. 실험에 사용되는 많은 실험동물이 이런 식으로 학대를 당합니다. 동물이 고통을 느낄 줄 빤히 알면서도 마취제나 진정제를 사용하는 경우는 드물어요. 더 많은 비용과 시간이 필요하니까요. 동물 실험에 사용되는 동물은 단순한 실험 도구이자 재료에 불과하지요.

이런 식의 동물 실험이 정말 쓸모 있을까요? 사람과 동물이 공통으로 걸리는 질병은 고작 1.16퍼센트에 지나지 않는다고 합니다. 사람과 동물의 몸을 이루는 조직이나 기능이 서로 다르니까요. 동물 실험이 의학 발전에 크게 도움이 되었다는 얘기도 사실과 다른 과장된 주장이라는 지적이 만만치 않습니다.

또한 사람의 생명과 건강에 큰 관계가 없는 화장품이나 잡다한 생활용품을 만드는 데까지 구태여 동물 실험을 해야 할 필요가 있느냐는 목소리도 높습니다.

동물을 공부하는 수의대에서는 "동물을 사랑하는 사람은 수의사가 될 수 없다"는 아이러니한 이야기가 전해 내려온다고 합니다. 수의대의 수업 과정에 잔인한 동물 실험이 지나치게 많아서 학생들이 힘들어하기 때문입니다. 오늘날 동물이 어떤 대접을 받는지를 역설적으로 알려 주는 안타까운 풍경이지요.

실험에 사용되는 동물이라고 해서 실험동물이 다른 동물들보다 고통이나 공포를 덜 느낄까요? 동물 실험이 너무 많이 함부로 이루어지면서 수많은 동물이 필요 이상으로 비참한 고통과 죽임을 당하는 것이 지금의 현실입니다.

계속되는 동물들의 수난

동물의 수난은 여러 형태와 방식으로 끝도 없이 계속됩니다. 살처분, 로드킬, 애니멀 호딩이 대표적인 예지요. 가축에 의한 전염병이 발생하면 병이 확산되는 것을 막기 위해 일정 반경 안에 있는 가축을 죄다 죽입니다. 이를 '살처분'이라고 합니다. 멀쩡하게 살아 있는 동물들을 그냥 무더기로 땅속에 파묻어 버리는 거예요.

전염병이 발생할 때마다 살처분으로 희생되는 동물의 수가 엄청납니다. 조사 결과에 따르면 우리나라에서 2010년부터 10년 동안 살처분된 가축의 수가 약 7,000만 마리에 이른다고 합니다. 구제역, 아프리카돼지열병, 조류독감 등 동물로부터 발생한 여러 전염병으로 수많은 가축이 살아 있는 채로 땅에 파묻혀 죽임을 당했지요. 10년간 살처분으로 발생한 비용만 해도 무려 4조 원 가까이 되고요. 모두 국민이 낸 세금입니다.

살처분이 일으키는 문제는 동물권의 영역에서 그치지 않습니다. 무더기로 파묻힌 동물 사체에서 대량으로 나오는 피, 살덩어리 등의 물질이 썩어 땅 밑에 고였다가 흘러나오는 침출수로 인한 악취와 환경 오염도 심각합니다. 살처분이 이루어진 주변 지역의 토양과 수질이 엄청나게 파괴되고요.

살처분에 동원된 공무원이나 노동자들이 참혹한 동물 학살을 저지른 데서 오는 죄책감과 스트레스로 정신적인 고통에 시달리기도 합니다. 그들 중에는 자살을 선택한 사람도 있었지요. 동물 학대로 고통을 당하는 사람은 살처분 현장뿐만 아니라 공장식 축산 시스템이 돌아가는 곳이라면 어디서든 드물지 않게 존재합니다.

가축 전염병이 자꾸 발생하는 근본적인 원인은 밀집 사육을 중심으로 돌아가는 공장식 산업 축산 시스템입니다. 동물 복지를 실천하는 농장에서는 가축 전염병이 거의 발생하지 않습니다. 생명체를 집단으로 학살하는 살처분을 막기 위해선 비윤리적인 가축 사육 환경과 공장식 산업 축산 시스템을 뿌리 뽑아야 합니다.

오늘날 도시와 도로가 끊임없이 개발되면서 야생동물의 서식지와 활동 영역이 급속히 줄어들었습니다. 도로는 동물들의 생활 공간을 인위적으로 쩍 갈라놓았지요. 이런 와중에 자동차 수는 엄청나게 늘었습니다. 그러면서 야생동물이 길을 건너다 달리는 자동차에 치여 죽는 사고, 즉 '로드킬'로 희생되는 동물도 많아졌습니다.

국토교통부와 국립생태원의 자료에 따르면 우리나라 고속도로와 국도에서 로드킬로 희생된 동물의 수는 2015년에 1만 4,178건에서 2019년에 2만 1,397건으로 가파르게 증가했습니다. 2020년에는 코로나19 사태로 사람들의 이동이 줄어 1만 5,107건으로 감소했고요. 코로나19 사태가 수그

러들고 사람들의 이동이 증가하면 다시 로드킬로 희생되는 동물들이 많아지겠지요. 이 외에도 2018년부터 3년간 서울시와 경기도에서 발생한 로드킬 건수는 무려 8만 7,000건이 넘는다고 합니다.

로드킬로 희생된 동물의 종류로는 고속도로와 국도에서는 고라니가, 도시에서는 고양이가 많다고 합니다. 대개 먹이를 찾으러 나선 야생동물이 길을 건너다 로드킬을 당합니다. 도시에서는 주택가와 주차장 등지에서 살아가는 길고양이들이 승용차나 오토바이에 부딪혀 죽는 경우가 많고요.

로드킬을 막기 위한 해결책은 어떤 것들이 있을까요? '생태 통로'는 로드킬을 방지하기 위해 가장 널리 사용되는 인공 구조물입니다. 도로로 단절된 생태계를 연결하고 야생동물이 안전하게 이동할 수 있도록 육교나 터널 형태로 만든 통로이지요. 그 밖에도 동물의 도로 진입을 막는 울타리를 설치하거나 야생동물 출현 경고 표지판을 설치하고 자동차 운행 속도를 제한하는 등 로드킬을 막을 수 있는 여러 방법이 있습니다. 근본적으로는 무분별한 도로 건설과 지나친 도시의 확산을 막는 것이 가장 중요하겠지요.

오늘날 많은 사람들이 반려동물을 기릅니다. 그런데 반려동물을 돌볼 능력과 의지가 없으면서 비정상적으로 많은

동물을 수집해 키우는 사람들이 있습니다. 바로 '애니멀 호더'입니다. 애니멀 호더가 행하는 동물 학대를 '애니멀 호딩'이라고 하지요. 애니멀 호더는 겉으론 동물을 사랑해서 동물을 모은다고 변명합니다. 하지만 실제로 애니멀 호딩은 동물에 대한 광적이고도 비뚤어진 집착의 산물로 명백히 동물 학대입니다.

애니멀 호딩은 여러 문제를 일으킵니다. 무엇보다 동물의 배설물 처리가 제대로 되지 않아 집 안이 오물과 쓰레기로 뒤덮이지요. 악취를 일으키고요. 동물들이 대책 없이 번식할 위험도 큽니다.

애니멀 호딩을 막기 위해 한 가정이 키울 수 있는 반려동물의 수를 제한하는 나라도 있어요. 오스트레일리아에서 개를 네 마리 이상 키우려면 별도의 허가를 받아야 합니다. 캐나다 토론토에서는 개를 세 마리 이상 키울 수 없어요.

따지고 보면 애니멀 호딩도 동물을 물건으로 여기는 탓에 일어나는 현상이 아닐까요? 갖고 싶은 물건을 잔뜩 쌓아 두고서 쾌감과 만족감을 느끼는 사람의 기괴한 소유욕이 동물에게까지 적용된 거지요. 이래저래 사람의 탐욕은 비정상적이고 지나칠 때가 많습니다. 그 바람에 동물이 겪는 고통이 참 다양하기도 합니다.

우리나라 법에선 동물이 물건이라고?

우리나라에서 동물이 물건으로 취급된다는 사실을 알고 있나요? 반려동물에게 어떤 해를 끼치면 재물손괴죄가 적용됩니다. 타인의 재산에 손해를 입혔다는 거예요. 법에서 동물을 생명체로 인정하지 않으니 동물을 학대해도 처벌이 아주 가볍고 피해 입은 반려동물과 주인에게 충분한 배상이 이루어지지 않을 때가 많습니다.

지난 2021년 9월, 정책을 검토하고 협의하는 우리나라 국무 회의에서 '동물은 물건이 아니다'라는 조항을 추가한 민법 개정안이 통과되었습니다. 아직 법으로 확정된 사안은 아니지만 머지않아 동물도 물건이 아닌 생명체로서 법적 지위를 인정받게 될 가능성을 보여 준 거예요.

그러나 전문가들 사이에는 이 조항의 한계가 뚜렷하다는 지적이 높습니다. 동물을 권리의 주체로 인정하지 않고 단순히 물건이 아니라는 수준에 그쳤기 때문이지요. 법적이고 제도적인 보완책이 뒤따르지 않으면 이전과 큰 차이가 없을지도 몰라요. 사람들의 관심이 큰 반려동물에게는 도움이 되겠지만 축산동물과 실험동물을 포함한 다른 동물에게는 큰 변화가 없을 거라는 우려가 크지요.

1991년에 제정된 우리나라의 동물보호법에 대해서도 여러 비판이 제기되어 왔습니다. 동물 학대를 예방하고 동물의 생명 보호, 안전 보장, 복지 증진 등이 목적인 동물보호법은 지난 30여 년 동안 여러 차례 개정 작업을 거치며 꾸준히 발전했습니다. 동물 학대 행위에 대한 법적인 금지 조치가 단계적으로 강화되어 왔지요. 잔인한 방법으로 동물을 죽이는 여러 행위와 동물 학대를 촬영한 영상물을 판매하거나 전시하는 행위, 동물을 이용한 도박 행위, 애니멀 호딩 모두 이 법의 금지 사항입니다.

하지만 동물보호법은 사실상 반려동물 보호법에 지나지 않습니다. 게다가 현실에서 잔혹한 동물 학대 행위를 저질러도 솜방망이 처벌에 그치는 경우가 많지요. 실제로 우리나라 동물보호법은 가축이나 실험동물에 대해 실질적인 효력을 발휘하기 어려워요. 다행히 2022년, 정부에서 동물의 복지를 더욱 강화한 동물복지법을 새롭게 마련하겠다는 계획을 발표했습니다. 반려동물을 비롯해 보다 더 많은 동물의 권리가 보장될 수 있도록 법을 가다듬어야 하겠습니다. 동물권에 대한 사회적인 분위기도 많이 바뀌어야 하고요. 법이 부실한 것은 단순히 법을 제대로 만들지 않아서라기보다 현실이 그러하기 때문이니까요.

우리나라에서 반려동물과 함께 생활하는 사람이 전체 인구의 30퍼센트에 이른다고 합니다. 그만큼 반려동물에 대한 사람들의 관심도 크지요. 이토록 많은 사람들이 기르는 반려동물은 어디에서 왔을까요?

우리나라에서는 일반적으로 일명 '펫숍'이라는 반려동물 가게에서 돈을 주고 반려동물을 데려옵니다. 펫숍에 진열된 강아지는 대부분 흔히 강아지 공장이라 부르는 개 번식장에서 인위적으로 생산됩니다.

개 번식장에서 강아지를 낳는 어미 개들은 뜬장에서 지냅니다. 뜬장이란 동물의 배설물을 손쉽게 처리하기 위해 밑바닥을 철조망으로 엮어 배설물이 구멍 사이로 떨어지도록 만든 우리입니다. 우리의 밑바닥이 땅으로부터 붕 떠 있어 뜬장이란 이름이 붙었지요.

뜬장에 갇힌 어미 개들은 평평한 바닥을 밟지 못해 발바닥이 갈라지고 염증을 달고 삽니다. 발이 바닥에 고스란히 닿지 않으니 항상 긴장과 스트레스에 시달리지요. 추위와 더위, 비바람에도 고스란히 노출되고요. 몸집이 작은 개들은 다리가 철조망 구멍 사이로 빠진 채 지내기도 합니다.

강아지 공장에서 어미 개들은 평생 강제 임신과 출산을 되풀이합니다. 어미 개가 인공 수정으로 임신하는 과정은 아주 끔찍해요. 수컷의 정자를 강제로 뽑아내어 암컷의 몸에 주사기로 주입하지요. 개의 평균 임신 기간인 약 두 달이 지나면 배를 갈라 새끼를 꺼내 경매장으로 보냅니다. 이 강아지들은 전국 곳곳에 상품으로 팔려 나가지요. 강아지 공장의 어미 개들은 번식 능력을 잃을 때까지 이런 고통스러운 삶을 살아가야 합니다. 동물 보호 단체의 말에 따르면 우리나라에서 불법으로 운영되는 개 번식장이 무려 3,000~4,000여 곳에 이른다고 합니다.

뜬장을 활용하기는 마찬가지인 '고양이 공장'은 어떨까요? 이곳에서 지내는 고양이들은 개보다 더 비참한 고통을 겪는다고 합니다. 고양이의 습성 자체가 개보다 예민하고 질병에도 더 취약하기 때문입니다.

동물권 전문가들 가운데는 반려동물에 대해 좀 더 근원적인 문제를 제기하는 사람도 있습니다. 이들은 반려동물이 무엇보다 자율성이 거의 없는 의존적인 존재라고 지적합니다. 사람에 의해 길들여진 반려동물은 사람에게 철저히 종속된 동물이라는 거지요. 실제로 반려동물은 사람의 보호와 돌봄이 없으면 살아갈 수 없습니다. 그만큼 사람과 반려동물의 관계는 일방적이

고 불평등하지요. 특히 반려견은 사람이 자기의 목적과 필요에 따라 만들어 낸 동물이라고 해도 과언이 아닙니다.

귀엽고 예쁜 반려동물을 찾는 사람들이 많다는 것도 생각해 볼 점입니다. 이 때문에 반려동물의 외모를 사람의 입맛에 맞추어 변형하는 품종 개량과 인위적인 교배가 성행하니까요. 동물을 존재 그 자체로 받아들이지 않고 인간 중심의 잣대에 따라 변형하는 게 과연 옳은 일일까요? 어떤 사람은 반려동물을 키우지 않는 것이 진정으로 반려동물을 위하는 길이라고 말합니다. 이러한 주장에 꼭 동의할 필요는 없지만 한 번쯤 귀담아들을 만한 이야기입니다.

과거에는 반려동물을 애완동물이라고 불렀습니다. '애완(愛玩)'이란 동식물이나 물품을 좋아하여 가까이 두고 귀여워하고 즐기는 것을 뜻합니다. 철저한 인간중심주의이지요. 반면 '반려(伴侶)'란 생각과 행동을 함께하는 짝, 곧 동반자를 일컫는 말입니다. 반려동물을 대할 땐 이 반려의 의미를 잊지 말아야겠습니다.

4장

동물권은 어떻게
발전되어 왔을까요?

동물들이 법정에 선 이유는 뭘까?

사람이 아닌 동물이 소송을 내고 재판에 참여할 수 있을까요? 실제로 우리나라를 비롯해 세계 곳곳에서 동물 재판이 열리고 있습니다. 소송에서 이긴 동물도 있지요.

지난 2003년 우리나라에서 '도롱뇽 소송'이 제기되었습니다. 그해 10월, 경상남도 천성산에 서식하는 꼬리치레도롱뇽이 천성산을 꿰뚫고 지나가는 경부 고속철도 건설 공사를 중단하라는 소송을 법원에 낸 겁니다. 물론 도롱뇽 스스로 이런 일을 할 수 없지요. '도롱뇽의 친구들'이라는 이름 아래 모인 사람들이 고속철도 공사로 서식지가 파괴될 위험에 처한 꼬리치레도롱뇽을 구하기 위해 나선 거예요.

도롱뇽 소송의 결과는 안타깝게도 원고＊ 부적격 판결이 나고 말았습니다. 법원이 동물은 원고로서 소송을 제기할 법적 자격이 없다고

＊ **원고** 법원에 권리 문제와 관련한 소송을 제기한 사람.

판결한 거예요. 자연물에 불과한 꼬리치레도롱뇽이 사건을 수행할 능력이 없다는 거지요. 처음부터 싸울 자격 자체를 인정해 주지 않으니 제대로 싸워 보지도 못하고 진 셈입니다. 결국 경부 고속철도 공사가 강행되어 2010년에 천성산을 관통하는 터널이 뚫렸습니다.

2019년에는 강원도 설악산에 사는 산양들이 원고로 나선 소송이 제기되었습니다. 이번에는 산양이 설악산의 케이블카 설치를 중단하기 위해 소송을 낸 거예요. 케이블카 설치로 천연기념물인 산양의 서식지가 파괴되는 것을 막기 위해서였지요. 물론 실제로 산양 소송은 산양이 아니라 동물권을 연구하는 한 변호사 단체가 주도했습니다.

설악산의 특정 지역에서만 살아가는 산양에게 케이블카 설치는 생존이 달린 절박한 문제입니다. 사람처럼 다른 지역으로 이사를 갈 수도 없지요. 하지만 산양 소송도 도롱뇽 소송과 마찬가지로 동물인 산양이 소송의 당사자가 될 수 없다는 판결이 내려졌습니다.

해외의 동물 재판 사례는 어떨까요? 1967년 미국 의회에서 테네시강 유역의 개발을 위해 텔리코 댐을 건설하기로 했습니다. 1973년 댐 공사는 90퍼센트 이상 진행되어 마무리 단계에 이르렀지요. 그때 스네일다터라는 물고기가 발견

되었습니다. 멸종 위기에 놓인 길이 8센티미터의 작은 물고기였지요. 이때 인근 대학에서 교수로 일하던 어느 생태학자가 텔리코 댐 공사를 중단해야 한다고 나섰습니다. 텔리코 댐이 완공되면 강의 생태계가 바뀌어 스네일다터가 멸종할 수밖에 없다는 것이었지요.

생태학자의 주장에 동의한 사람들이 모여 미국 연방 대법원에 텔리코 댐 건설을 중단하라는 소송을 제기했습니다. 이를 반대하는 여론도 상당했지만 1978년 법원에서는 어떤 비용을 치르더라도 스네일다터의 멸종을 막아야 한다며 댐 공사를 중단하라는 판결을 내렸습니다. 판결 당시 댐 공사는 이미 우리나라 돈으로 약 1,230억 원이나 되는 1억 달러가 투입되었고, 공사 또한 95퍼센트 진행된 상황이었는데도 공사를 중단하라는 결정이 내려진 겁니다. 그 뒤 댐 개발론자들의 심한 반발에 텔리코 댐 공사가 다시 시작되어 1979년에 댐이 완공되었지만 스네일다터는 근처 다른 강으로 안전하게 옮겨져 멸종을 막는 데 성공했다고 합니다.

일본에서는 1969년 홋카이도 다이세쓰산 국립공원의 인근 주민과 환경 단체가 힘을 합쳐 우는토끼*를 대신해 터널 공사를 막기 위한 소송을 제기했습니다. 재판은 무

★ **우는토끼** 한국 북부와 일본, 몽골, 시베리아 등지의 산지나 돌이 많은 곳에서 살아가는 포유류로 귀가 작고 꼬리가 없다.

려 30년 뒤인 1999년이 되어서야 끝이 났지요. 재판의 최종 승리자는 우는토끼였습니다. 터널 공사를 강행하면 주변 지역의 기온이 올라가 우는토끼의 생존을 위협할 거라는 주장이 받아들여진 거예요.

이처럼 해외에서는 동물의 법적 권리를 인정하는 판결이 때때로 있었습니다. 판결의 내용은 대개 동물의 생존과 종 보존을 위해 무분별한 개발 공사나 숲 벌목 등을 중단하라는 것이었습니다. 원고가 된 동물의 종류는 도롱뇽, 산양, 물고기, 우는토끼 외에도 새, 오리, 다람쥐, 사슴 등으로 다양했지요.

동물권에 비치는 희망의 빛

더디긴 해도 동물권의 지평은 꾸준히 넓어져 왔습니다. 동물이 권리의 주체로 인정받아 소송의 주인공이 되고 재판에서 승리하기도 했지요. 그동안 동물권은 어떻게 발전해 왔을까요? 또 동물권이 발전하는 과정을 살피며 우리가 얻어야 할 교훈은 무엇일까요?

근대에 들어 동물의 권리를 최초로 주장한 사람은 헨리

스티브스 솔트(1851~1939)입니다. 동물권의 고전이라 불리는 『동물의 권리(Animal's rights)』를 쓴 영국의 작가이자 사회 운동가입니다. 솔트는 단순히 동물을 따뜻하게 대해야 한다거나 동물 복지를 좀 더 개선하자는 주장에서 나아가 동물은 사람과 동등한 존재로서, 사람이 권리를 가진다면 동물도 권리를 가진다고 말했습니다. 솔트의 이러한 주장이 지금은 낯설게 들리지 않지만 피터 싱어와 톰 리건이 태어나기도 전인 당시에는 아주 혁신적이고 선구적인 주장이었습니다.

1822년 영국의 정치인 리처드 마틴(1754~1834)의 주도로 제정된 마틴법은 동물이 고통 없이 편안하게 살 수 있도록 마련한 최초의 법입니다. 소를 비롯한 가축을 잔혹하게 때리거나 지나치게 무거운 짐을 지우면 안 된다는 내용이 담겨 있지요. 그래서 '소에 대한 잔인한 처우 개선법', '가축 동물의 부당한 취급 방지를 위한 법' 등으로도 불립니다.

마틴법이 제정된 이후로 여러 나라에서 동물권 법에 대한 다양한 움직임이 이어졌습니다. 독일은 1933년에 세계 최초로 동물보호법을 제정했어요. 1961년에는 캐나다, 1970년대에는 일본, 프랑스, 스위스가 각각 동물 학대 방지 및 동물 복지와 관련됩 법을 제정해 시행했고요. 우리나라는 1991년이 되어서야 동물보호법을 만들었어요.

동물권의 흐름 중에서 가장 우뚝한 성취는 1978년 유네스코에서 〈세계 동물 권리 선언〉을 제정해 공포한 것입니다. 1948년에 국제연합(UN)에서 〈세계 인권 선언〉을 공식적으로 채택한 이후로 30년 만에 사람과 동등한 권리를 동물에게도 보장하자는 세계인들의 합의가 이루어진 거지요.

영국의 농장동물복지위원회에서는 1993년에 농장동물에게 보장해야 할 다섯 가지 자유를 제시했어요. 배고픔과 갈증으로부터의 자유, 불편함으로부터의 자유, 통증 및 부상과 질병으로부터의 자유, 정상적인 행동을 표현할 자유, 공포와 고통으로부터의 자유입니다. 이는 농장동물의 복지 수준을 높이는 데 톡톡히 이바지했지요.

1990년대 이후로 여러 나라의 헌법에 동물권을 옹호하는 사례가 늘었다는 것은 주목할 만한 일입니다. 헌법은 한 나라에서 가장 높은 권위를 지닌 법이니까요. 사회의 구성원이 소중하다고 합의한 가치를 담고 있고요. 스위스는 1992년에 동물의 존엄성을 헌법에 명시했고, 독일은 2022년에 동물 보호가 국가의 책임임을 헌법에 규정했습니다. 에콰도르는 2008년 헌법에 자연의 생물이 영구적으로 생존하고 번식하며 진화할 권리를 가진다고 선언했어요. 비록 헌법에 단 몇 줄의 문장이 들어갔다고 해서 동물권에 대한 현실이

1822년 영국

최초로 동물권을
보호하는 내용을 담은
마틴법 제정

1824년
최초의 동물복지 단체
RSPCA 설립

1894년
헨리솔트

최초로 동물권을
주장한 책

1961년 캐나다
동물보호법 제정

1933년 독일
세계 최초로
동물보호법 제정

1978년 유네스코
세계 동물 권리선언

1991년 한국
동물 보호법 제정

1992년 스위스

동물의 존엄성을
헌법에 명시

2021년 영국에서
척추동물이 아닌 해산물도
동물복지법의 보호를 받아야
한다고 발표했습니다. 실제로
스위스나 오스트리아에서 바닷가재를
산 채로 끓는 물에 집어 넣어
조리하는 것은 불법입니다.

아…

다행히 동물권에 대한
현실은 조금씩
변화하고 있어요!

곧바로 바뀌는 건 아니지만 이런 일련의 변화는 도도한 동물권 확장의 흐름에서 또 하나의 값진 이정표입니다.

최근에는 유럽의 여러 나라에서 생선, 문어, 바닷가재 등 해산물의 고통을 줄이기 위한 정책을 펼치고 있습니다. 노르웨이에서는 양식 생선을 죽이기 전에 전기 충격을 가해야 합니다. 생선을 순간적으로 기절시켜 통증을 느끼는 신경을 마비시키는 거예요. 생선이 느끼는 고통을 최대한 줄이기 위해서지요.

지난 2021년 영국 정부는 척추동물이 아닌 문어, 오징어, 낙지, 바닷가재, 게, 새우 등의 해산물도 동물복지법의 보호를 받아야 한다고 발표했습니다. 런던정치경제대학 연구팀에서 이 동물들도 지각이 있는 존재로 크기에 상관없이 고통을 느낀다는 사실을 밝혀낸 데에 따른 것이지요. 영국 정부에서는 이들 해산물을 조리할 때 노르웨이에서처럼 전기 충격을 가해야 한다는 권고를 내놓았습니다. 실제로 스위스, 오스트리아, 뉴질랜드에서 바닷가재를 산 채로 끓는 물에 집어넣어 조리하는 것이 불법이라고 합니다.

'정말 저런 해산물들도 통증을 느낀다고? 아무리 동물권이 중요하다지만 너무 심한 거 아닐까?'라고 이러한 동물권의 흐름에 대해 의문을 품는 사람이 있을지도 모릅니다. 하

지만 세상 한쪽에서부터 동물권이라는 의미심장한 변화의
바람이 불어오고 있는 것은 분명한 사실입니다.

동물권에 부는 변화의 바람

   동물권이 발전하며 반려동물을 비롯해 축산동물, 전시동
물, 실험동물에게도 커다란 변화의 바람이 불고 있습니다.
   무분별한 동물 학대가 이루어지는 공장식 산업 축산 시
스템부터 변화에 앞장섰습니다. 동물권 선진국이라 불리는
유럽연합(EU)에서는 2007년부터 8주가 지난 송아지를 폐쇄
된 개별 우리에서 사육하는 행위를 금지했습니다. 2013년부
터는 배터리 케이지라 불리는 비좁은 닭장과 움직일 수 없
을 정도로 좁은 번식용 암퇘지 우리를 금지했습니다. 돼지
를 밧줄로 매어 두어서도 안 되고요. 소도 마찬가지입니다.
   더 나아가 토끼, 어린 암탉, 메추라기, 오리, 거위와 같은
동물을 우리 안에 가두어 키우는 방식 자체를 폐지하는 활
동을 펼치고 있다고 합니다. 동물의 질병 치료가 목적이 아
니라면 축사에서의 항생제 사용을 금지하고 있고요. 일부
나라에서 규정이 제대로 지켜지지 않아 논란을 일으키기도

하지만 이러한 움직임 자체가 동물권 역사에서 큰 의미를 지니는 획기적인 진전입니다.

동물원도 동물권을 지키기 위해 탈바꿈하는 중입니다. 세계 곳곳에서는 기존의 동물원을 동물의 본성을 최대한 존중하는 생태적인 동물원으로 바꾸려고 애쓰고 있습니다. 미국의 샌프란시스코 동물원에서는 다친 채로 구조된 동물을 데려옵니다. 야생에서 생존하기 힘든 동물을 보호하고 도와주는 것이 이곳의 중요한 목적이지요. 동물을 체험하는 방식도 특이합니다. 살아 있는 거북이 아니라 죽은 거북의 등딱지를 만지고, 양이 아니라 양털을 만지게 하는 거예요. 동물원 관객이 동물에 대해 알아 가되 동물이 정신적인 고통을 받지 않도록 노력하는 거지요.

프랑스의 파리 동물원에는 쇠창살로 만든 우리가 거의 없습니다. 동물이 자연에서 살던 서식지와 비슷한 환경을 만들기 위해 노력하지요. 이곳 동물원의 동물들이 살아가는 공간은 상당히 넓고 몸을 숨길 수 있는 곳도 많아요. 대개 동물원의 인기 동물인 코끼리와 곰은 본디 활동 영역이 매우 넓은 동물이어서 애초부터 들이지 않았고요.

중앙아메리카 국가인 코스타리카에서는 동물원을 개혁하는 정도가 아니라 아예 동물원 폐지 정책을 추진했어요. 지난 2013년 코스타리카 정부가 국내 동물원의 문을 닫겠다고 발표한 겁니다. 동물원이 심각한 동물 학대의 현장이라는 이유에서였지요. 동물 관련 시민운동 단체가 아닌 정부가 앞장서서 동물원 폐지 정책을 추진한 사례는 코스타리카가 세계 최초입니다. 여러 사정으로 동물원 운영이 2024년까지 연장되었지만 동물원 폐지에 찬성하는 코스타리카 국내 여론이 높고 동물원을 폐지하라는 환경 단체들의 압박도 계속되고 있습니다. 동물원이 공식적으로 사라진 최초의 나라가 탄생하는 모습을 머지않아 볼 수 있지 않을까요?

동물 실험의 영역에서도 동물의 권리를 보장하기 위한 움직임이 빠르게 퍼지고 있습니다. 동물 실험의 새로운 윤리적 기준으로 3R이 널리 받아들여지고 있어요. 3R이란 동물 실험을 다른 방법으로 대체하는 '대체하기(Replacement)', 실험동물의 수를 줄이는 '줄이기(Reduction)', 실험 절차와 방식을 비롯해 전반적으로 동물의 복지를 높이는 '개선하기(Refinement)'입니다. 동물 실험에서 동물이 느끼는 고통을 최소한으로 줄이고 실험 환경을 개선하기 위함이지요.

동물 실험 가운데서도 화장품과 관련된 동물 실험을 금지하자는 것이 세계적인 추세입니다. 화장품은 의학 분야에 견주면 꼭 필요하거나 긴급하지 않아서 동물 실험 금지의 흐름에 탄력이 빨리 붙었지요.

유럽연합(EU)에서는 2000년대 초부터 단계적으로 동물 실험을 금지했습니다. 2004년에 화장품 완성품 단계에서의 동물 실험을 금지했고, 2009년에는 화장품 원료 단계에서의 동물 실험을 금지했지요. 2013년 3월부터는 동물 실험을 이용해 만든 화장품의 판매와 수입까지 전면 금지했습니다. 우리나라도 2017년부터 동물 실험으로 만든 화장품의 판매 및 유통을 금지하고 있어요. 세계적으로도 2021년을 기준으로 약 40여 개의 나라가 화장품 동물 실험 금지에 동참하고 있습니다.

그런데 동물 실험에 대한 이런 조치에는 허점이 많습니다. 화장품 수입국이 자기들 법에 따라 동물 실험을 거친 화장품만 수입하겠다고 할 경우, 동물 실험을 할 수 있다는 예외 조항을 두는 식입니다. 이렇게 경제 논리를 앞세워 빠져나갈 구멍을 허용하면 동물 실험 금지의 본래 뜻은 빛이 바랠 수밖에 없습니다. 앞으로 우리가 동물 실험 문제에 대해 개선해 나가야 할 점입니다.

동물 실험을 완전히 없애는 것은 쉽지 않지만 세계의 흐름은 잔혹한 동물 실험을 줄이는 방향으로 나아가고 있습

✧ 이렇게 바뀌고 있습니다 ✧

니다. 특정 동물을 이용하는 동물 실험은 별도의 허가 절차를 밟게 하거나 대형 유인원을 연구 및 실험 목적으로 이용할 수 없도록 하는 등의 움직임이 널리 퍼지고 있지요. 드레이즈 검사처럼 잔인하고 실질적인 쓸모가 크지 않은 동물 실험들도 각 나라에서 폐지되고 있고요.

최근에는 과학 기술의 발전에 힘입어 세포와 조직 배양, 컴퓨터 모의실험, 자기공명영상(MRI) 활용, 인공 피부 사용 등 동물 실험을 대체할 더 효율적인 방법이 많이 개발되고 있습니다. 이러한 방법은 동물 실험과 비교해 비용이 적게 들고 필요한 정보를 더 빠르고 정확하게 얻어 내는 경우도 있습니다. 무엇보다 동물 학대를 예방할 수 있고요. 우리나라 식품의약품안전처에 등록된 화장품 원료는 무려 1만 가지가 넘는다고 합니다. 이것들을 잘 활용하면 안전한 화장품을 동물 실험 없이 만들 수 있지요.

동물 실험을 대체하는 방법을 찾으려는 적극적이고 창의적인 노력이 필요합니다. 손쉽게 동물 실험에 의존하는 관성에서 벗어나지 않으면 변화는 기대할 수 없을 테니까요.

권리를 인정받은 마오리족의 강과 땅

동물권보다 한 차원 더 높은 움직임이 세계 곳곳에서 나타나고 있습니다. 동물의 권리에서 더 나아가 자연의 권리까지 보장하라는 목소리가 갈수록 높아지고 있지요.

뉴질랜드를 이루는 큰 두 섬 가운데 하나인 북섬에는 황거누이강이 흐릅니다. 뉴질랜드의 원주민인 마오리족은 오랜 세월 황거누이강을 신처럼 받들며 함께 살아왔습니다. 마오리족은 자연을 사람과 동등한 생명체로 여깁니다. 황거누이강을 파괴하는 것은 자기들을 파괴하는 것이며 강을 모독하는 것 또한 자기들을 모독하는 것과 같다고 믿지요.

그런데 오스트레일리아와 뉴질랜드 등지를 침입한 서구의 백인들은 황거누이강과 마오리족의 삶에 깃든 평화를 가만히 내버려 두지 않았습니다. 마오리족은 이들에 맞서 오랫동안 황거누이강에 얽혀 있는 자기들의 전통과 관습을 지키기 위해 싸웠지요. 그러면서 마오리족은 정부에 황거누이강과 자기들이 맺고 있는 특별한 관계를 법적으로 인정해 달라고 요구했습니다. 정부가 마오리족의 이 같은 요구를 받아들여 황거누이강은 마오리족과 함께 법적인 권리를 가지게 되었지요. 동물이 아닌 자연물이 공식적으로 사람과 같은 대우를 받게 된 겁니다.

이제 황거누이강은 자기의 목소리를 낼 수 있게 되었습니다. 실제로 황거누이강의 목소리를 대변하는 후견인 두 사람이 강의 이익을 지키기 위해 다양한 활동을 펼치고 있지요. 마오리족 1명과 정부에서 지명한 1명으로 구성된 이들은 만일 황거누이강의 생태계를 위협하는 어떤 개발 사업이 추진된다면 강을 대신해 사업을 중단하라고 요구하거나 때에 따라서 법적인 소송을 걸 수도 있습니다.

2014년, 뉴질랜드 북섬에서는 테 우레웨라 국립공원 일대가 권리를 지닌 자연물로 인정받았습니다. 이른바 '테 우레웨라 법'이라 불리는 법입니다. 이 법에 따라 테 우레웨라 국립공원은 정부 소유의 땅이 아니라 스스로 존재하는 독립적인 자연물로 인정받았고 자연물로서 누리는 폭넓은 권리를 보장받게 되었습니다.

이곳에서 살아가는 마오리족은 땅을 두고 이렇게 말한다고 합니다. "땅은 소유물이 아니다. 땅이 여기 먼저 있었다. 굳이 따지자면 오히려 땅이 우리를 소유한다. 물은 물이 소유하고 땅은 땅이 소유한다."

남아메리카 볼리비아에서는 2011년에 '어머니 지구 법'을 제정했어요. 이 법은 자연의 권리와 그에 걸맞은 정부와 국민의 책임을 구체적으로 법률에 규정한 세계 최초의 사례라는 점에서 전 세계인으로부터 주목과 찬사를 받았지요. '어머니 지구 법'은 자연의 권리를 11개 항목으로 제시합니다. 그중에서도 존재하고 생존할 권리, 인류의 변형으로부터 자유로운 상태에서 진화하고 생명 순환을 지속할 권리, 깨끗한 물과 청정한 공기의 권리, 평형을 유지할 권리, 오염되지 않을 권리, 유전자나 세포가 조작되지 않을 권리, 지역 공동체와 생태계 균형에 영향을 주는 개발 계획이나 거대한 사회 기반 시설★ 건설에 영향받지 않을 권리 등이 주요 내용입니다.

> ★ **사회 기반 시설** 철도, 공항, 댐, 폐수 처리 시설, 공원, 도서관, 학교 등 인류의 여러 생산 활동과 삶을 질을 높이는 데 필요한 각종 시설.

　'어머니 지구 법'은 어떻게 만들어졌을까요? 웅장한 안데스산맥을 끼고 살아가는 볼리비아의 한 원주민 부족은 모든 삶의 중심에 '파차마마(Pachama-ma)'가 있다고 믿습니다. 이 외에도 남아메리카의 안데스산맥 일대에서 살아온 많은 원주민이 믿는 파차마마는 어머니 지구 또는 대지의 신을 뜻합니다. 창조의 힘으로 지구의 생명을 지탱하고 번창하게 하는 여신의 이름이기도 합니다. 이 원주민들의 믿음에 따르면 사람은 다른 모든 생명체와 마찬가지로 지구를 이루는 수많은 구성원 중 하나에 지나지 않습니다. '어머니 지구 법'은 이러한 세계관 속에서 등장

동물권을 넘어서

했습니다.

자연의 생물이 영구적으로 생존하며 진화할 권리를 가진다고 선언한 에콰도르의 2008년 새 헌법도 파차마마 정신을 바탕으로 제정되었습니다. 이 법은 생명이 살고 재창조되는 현장인 자연 또는 파차마마가 존재할 권리, 지속할 권리, 순환하고 재생할 권리를 가진다고 선언합니다. 국가에 생태계 파괴와 생물 멸종을 일으킬 수 있는 행위를 예방하고 제한하는 의무를 지우고 있고요. 만일 국가가 이 의무를 다하지 않으면 에콰도르 국민은 자연을 대신해 법적인 소송을 제기할 수 있지요. 이처럼 에콰도르 헌법은 사람과 자연 모두를 동등하게 존중하는 것이 국가의 의무라고 공식적으로 밝히고 있습니다.

오늘날 권리의 지평은 이전에 상상하기 힘들었던 자연물의 영역으로까지 넓어지고 있습니다. 동물을 비롯해 권리 없던 존재들의 권리가 확장되어 온 역사의 힘이지요. 권리가 필요한 더 많은 존재를 위해 인식과 행동의 변화가 어느 때보다 필요합니다.

여섯 번째 대멸종과 인류세의 비극

대멸종이란 지구상에 존재하는 전체 생물의 75퍼센트 이상이 사라지는 말 그대로 거대한 멸종입니다. 지구 생태계의 질서가 뒤바뀌는 어마어마한 사건이지요. 지금까지 지구에는 다음과 같은 다섯 번의 대멸종이 있었습니다.

차수	시기	대멸종 원인 및 현상
1차	고생대 오르도비스기 말 (약 4억 4500만 년 전)	- 화산 폭발 추정 - 빙하기로 해수면과 기온 하강 - 해양 생물의 85퍼센트 멸종
2차	고생대 데본기 말 (약 3억 7000만 년 전)	- 운석 충돌 추정 - 대부분의 어류가 멸종
3차	고생대 페름기 말 (약 2억 5200만 년 전)	- 운석 충돌 및 화산 폭발 추정 - 지구온난화 - 전체 생물의 95퍼센트 이상이 멸종
4차	중생대 트라이아스기 말 (약 2억 1000만 년 전)	- 운석 충돌 추정 - 완족류✿ 및 해양 파충류의 멸종
5차	중생대 백악기 말 (약 6600만 년 전)	- 운석 충돌 및 화산 폭발 추정 - 공룡 멸종

✿ **완족류** 조개처럼 몸이 부드럽고 2장의 껍데기를 가진 무척추 동물을 이르는 말.

많은 전문가들이 지금 이 순간에도 지구에 대멸종이 진행되고 있다고 말합니다. 인류세에 일어나고 있는 여섯 번째 대멸종입니다. 인류세는 네덜란드의 화학자이자 노벨상 수상자인 파울 크루첸(1933~2021)이 제안한 비공식적인 지질 시대로, 인류의 활동이 지구의 환경에 큰 영향을 미쳐 대기와 기후를 바꾸고 있는 시기를 말해요.

18세기 산업혁명 이후 인류가 열대우림을 비롯한 숲을 파괴하고 환경을 오염시키는 등 생물의 서식 환경을 파괴해 대량 멸종을 불러일으키고 있다는 우려가 큽니다. 인류의 무분별한 개발로 엄청난 온실가스가 발생해 지구는 점점 뜨거워지고 있지요. 기후 위기의 시대입니다. 2050년까지 지구의 평균 기온이 2도 올라가면 동식물의 약 25퍼센트가 멸종한다고 합니다. 지금의 추세대로라면 2100년이 지나기 전에 지구상 생물의 절반이 멸종할 것으로 내다보는 학자도 있습니다.

인류세는 야생동물의 여러 권리를 빼앗고 있습니다. 가장 중요한 생존권마저 침해하고 있지요. 지금도 수많은 야생동물이 멸종하고 있습니다. 야생동물의 생존할 권리, 건강하고 안전하게 살 권리, 번식할 권리는 지속 가능

한 자연 생태계의 토대를 이룹니다. 우리가 지구에서 살아남기 위해서라도 앞으로 닥쳐올 대멸종을 막아야 하지요.

대멸종 사태를 막기 위해서는 무엇보다 생물 다양성을 잘 보존해야 합니다. 생물 다양성은 종의 다양성, 생태계의 다양성, 유전자의 다양성을 모두 아울러 이르는 말로, 자연이 얼마나 건강한지를 보여 주는 핵심 지표이니까요. 이러한 여러 다양성이 함께 어우러져야 자연 생태계는 생명의 네트워크를 튼실하게 유지할 수 있지요. 달리 말하면 생물 한 종의 멸종이 전체 생태계에 피해를 준다는 겁니다.

생물 다양성이 잘 보존된 생태계는 환경이 변화하더라도 쉽게 적응합니다. 만약 한 생물종이 생존에 타격을 받더라도 다양한 생물종이 살아 있다면 쉽게 멸종하지 않지요. 요컨대 생물 다양성은 풍요롭고 안정적인 생태계를 이루기 위한 열쇠입니다.

생물 다양성은 인류에게도 매우 중요합니다. 우리가 사용하는 의약품 원료의 대부분이 자연에서 나오거든요. 동식물의 생태계가 그 무엇과도 비교할 수 없는 풍요로운 천연 약국이라 불리는 까닭이지요. 농업과 식량 문제에 직결되는 씨앗의 다양성도 물론 중요합니다.

돈으로 계산할 수 없을 정도로 중요한 생물 다양성의 가치를 보존하기 위해 1992년에 〈생물 다양성 협약〉이 발효되었습니다. 브라질 리우데자네이루에서 열린 국제연합(UN) 환경 개발 회의에서 각국의 대표들이 이 협약에 서명했지요. 세계 각국의 생물 자원에 대한 권리를 인정하면서 생물종을 파괴하는 행위를 규제하고 생물 다양성의 보전과 합리적인 이용을 위해 국가 전략을 수립하도록 하는 것이 〈생물 다양성 협약〉의 주요 내용입니다.

1973년에는 〈멸종 위기에 처한 야생 동식물종의 국제 거래에 관한 협약(CITES, Convention on International Trade in Endangered Species of Wild Flora and Fauna)〉이 맺어졌습니다. 멸종 위기에 처한 야생 동식물을 보호하기 위해 국제 교역을 제한하는 것이 핵심이었지요. 약 5,000종의 동물과 2만 8,000종의 식물이 이 협약에 등록되어 보호받고 있습니다.

국제연합(UN)은 1982년에 〈세계 자연 헌장〉을 발표하며 "모든 형태의 생명은 특별하며, 그것이 사람에게 지니는 가치와 무관하게 존중받아 마땅하다"고 밝혔습니다. 자연과 그 안에 깃든 모든 생명은 그 자체로서 특별한 가치를 지닙니다. 야생동물의 멸종 사태를 막고 생물 다양성을 보존하기 위한 노력 또한 동물권 발전의 역사와 깊이 연결되어 있지요.

　우리가 야생동물을 위해 할 수 있는 일은 어떤 것들이 있을까요? 산이나 들 같은 자연에 나가면 발자국 외에 아무것도 남기지 않는 것이 자연에 대한 예의입니다. 나뭇가지나 풀, 꽃을 함부로 꺾으면 안 된다는 건 누구나 아는 이야기이지요. 도토리나 밤 등의 열매도 그대로 두는 것이 좋습니다. 야생동물의 좋은 먹이가 될 수 있으니까요. 동물에게 돌을 던지거나 위협을 가하는 행동은 하지 말아야 하고 정해진 등산로로만 다니는 것이 바람직합니다. 다른 생물의 알을 몰래 갖고 와서도 안 되겠지요. 모든 자연물은 본래의 자리에 있어야 가장 건강하고 아름답게 빛나는 법입니다.

5장
동물을 위해 어떤 일을
할 수 있을까요?

고기를 덜 먹는다면?

현대 사회에서는 고기를 먹는 육식 문화가 널리 퍼져 있습니다. 까마득한 옛날부터 인류는 육식과 깊은 관계를 맺어 왔습니다. 음식을 만드는 조리의 역사는 사람이 고기를 불에 익혀 먹기 시작하면서 비롯되었지요.

오늘날 우리 주변에는 온갖 먹거리가 차고 넘칩니다. 고기를 덜 먹더라도 다양한 음식으로 대체할 수 있지요. 사람마다 약간의 차이는 있지만 임산부와 같은 특별한 경우를 제외하면 채식 위주의 식사가 영양 섭취나 건강 측면에서 별다른 문제가 없다고 이미 증명되었습니다.

동물권을 지지하는 사람들은 채식을 강력하게 주장합니다. 채식은 학대받는 동물과 사람의 관계를 조금이나마 변화시킬 수 있으니까요. 기후 위기를 비롯해 지나친 육식이 지구 환경에 미치는 나쁜 영향을 줄일 수 있고요. 지금도

어디선가 굶주리고 있는 사람들에게 연대 의식과 책임감을 느낄 수도 있겠지요.

고기를 아예 먹지 않고 사는 것은 어려운 일입니다. 하지만 줄일 수는 있지 않을까요? 고기반찬을 줄인다든가 일주일 중 하루는 채식을 하는 등 실천 방법은 다양합니다. 고기를 먹는다면 동물 복지 인증을 받은 농장의 제품이나 최대한 자연과 동물을 배려하면서 만들어진 유기농 축산물을 사 먹는 것이 좋습니다.

무엇보다 고기를 대량 생산해 유통하는 공장식 산업 축산의 구조를 바꾸는 것이 중요합니다. 이를 위해서는 개인의 노력과 더불어 국가 차원의 정책적인 노력이 필요합니다. 2021년 7월 프랑스 국회에서 통과된 기후 위기 관련 법에는 음식 규정이 포함되어 있습니다. 지금의 공장식 산업 축산 시스템과 지나친 육식 위주의 식사가 온실가스를 많이 배출해 환경을 심각하게 파괴하기 때문이지요.

우리나라도 국가의 정책적인 차원에서 육류를 대체할 수 있는 식품 개발과 보급을 적극적으로 늘리거나 학교와 군대 같은 공공기관의 급식소에 채식 메뉴 선택권을 부여하는 등 다양한 노력을 기울여야 하지 않을까요?

★ 채식주의자는 채소만 먹나요?

채식주의자는 말 그대로 채소만 먹을까요? 채식의 종류는 다양합니다. 생선, 해산물, 달걀, 우유, 고기 등 각자의 취향과 생각에 따라 단계적으로 먹는 음식을 구분하지요. 채소만 먹는 채식주의자를 비건이라고 불러요. 반면 플레시테리언은 육고기를 먹는 채식주의자입니다. 채소 위주의 식사를 하되 상황에 따라 유연하게 고기를 먹기도 하지요.

채식주의자 종류	허용하는 음식					
	채소	달걀	유제품	해산류	가금류▲	붉은색 육고기
비건	○					
오보 베지테리언	○	○				
락토 베지테리언	○	○	○			
페스코 베지테리언	○	○	○	○		
폴로 베지테리언	○	○	○	○	○	
플레시테리언	○	○	○	○	○	○

★ 가금류 고기나 알을 얻기 위해 기르는 가축.

숲을 파괴하는 팜유 샴푸

오늘날 동물을 이용해 만든 제품이 아주 많습니다. 동물의 가죽이나 털로 만든 옷이 대표적이지요. 갖가지 생활용품이나 장신구도 동물의 가죽, 털, 뼈 등을 사용한 것들이 많아요. 동물을 사용한 제품을 만드는 과정에서는 동물 학대가 일어나기 마련입니다. 되도록 동물로 만든 제품은 쓰지 않는 것이 좋습니다. 물론 완전히 동물 제품을 사용하지 않는 것은 불가능하겠지만 줄일 수는 있겠지요. 더 나아가 동물 제품을 사용하더라도 그 제품에 얽혀 있는 동물권 문제에 대해 알고 있어야 하겠습니다.

동남아시아 열대우림 지역에서는 전 세계에서 소비되는 팜유의 80퍼센트 이상이 생산됩니다. 팜유는 과자와 라면 같은 수많은 가공 식품은 물론 샴푸, 비누, 세제, 화장품 등 다양한 생활용품을 만드는 데 사용되는 식물성 기름입니다.

그런데 팜유를 생산하는 거대한 팜나무 생산 농장들이 열대우림 지역에 마구잡이로 들어서는 바람에 이곳의 숲이 엄청난 속도로 파괴되고 있습니다. 문제는 열대우림이 수많은 야생동물의 서식지라는 점입니다. 그중에는 오랑우탄을 비롯한 멸종 위기 종도 있지요. 사람들이 팜유를 많이 소비할수록 더 많은 열대우림이 파괴되고 야생동물은 보금자리를 잃어 갑니다.

내가 오늘 먹은 라면이나 머리를 감는 데 사용한 샴푸에도 열대우림에서 생산된 팜유가 얼마든지 들어 있을 수 있습니다. 나의 조그만 행동 하나가 먼 곳에 떨어져 있는 숲

을 파괴하고 그곳에서 살아가는 동물에게 큰 고통을 안겨 줄 수 있지요.

달리 말하면 나의 작은 실천으로 지구의 숲과 동물을 살릴 수 있습니다. 한 사람의 변화가 중요한 까닭이지요. 세상을 바꾸는 첫걸음이니까요. 산 정상에 오르는 어떤 기발하고 특출한 방법이 있나요? 아래에서부터 한 걸음 한 걸음 걸어 올라가는 수밖에 없습니다. 동물권이라는 산꼭대기에 이르는 여정도 마찬가지입니다.

동물을 위한 개인의 실천도 중요하지만 문제를 일으키는 근원적인 구조를 바꾸는 것이 매우 중요합니다. 오늘날 세계 대부분의 나라가 자본주의 체제를 선택하고 있습니다. 경제의 논리로 세상이 돌아가며 성장을 추구하는 체제이지요. 이러한 성장주의 사회를 지탱하고 번성하게 하는 엔진은 대량 생산과 대량 소비입니다. 무엇이든 많이 생산하고 소비하고 버리는 것을 당연하게 여기지요.

현대의 성찰 없는 자본주의 시스템 아래에서 동물은 희생양이 되었습니다. 동물이 경제 성장과 이익을 거두기 위한 상품이나 도구로 전락했지요. 이런 현실을 압축적으로 보여 주는 것이 공장식 산업 축산입니다. 돈벌이를 위해 동물의 대량 생산, 대량 유통, 대량 소비를 끝없이 되풀이 하는 동물 학대 시스템이지요.

개인의 차원에서 육식을 하지 않거나 줄이는 것도 물론 훌륭한 실천법입니다. 하지만 문제의 뿌리인 공장식 산업 축산의 구조를 바꾸지 않으면 문제를 해결하는 데 한계가 있기 마련입니다. 개인과 구조의 변화가 함께 이루어져야 합니다. 왼쪽과 오른쪽 날개가 모두 있어야 새가 날 수 있듯이 말입니다. 동물을 위해 무언가를 한다는 건 나 자신과 세상의 변화를 동시에 추구하는 일이기도 합니다.

그런데 동물을 위해 무조건 사람이 희생하고 양보해야 할까요? 그건 아닙니다. 야생의 자연과 가까이 사는 지역에서는 주민과 동물이 생존 경쟁을 벌이기도 합니다. 이곳의 주민은 먹고살기 위해 동물을 사냥하지요. 이러한 상황에서 동물 보호를 위해 주민들에게 사냥을 금지시키거나 야생동물 보호 구역을 설정해 쫓아내는 것이 과연 옳은 일일까요? 아닙니다. 주민과 동물이 함께 어울려 살아가는 공생의 방법을 찾는 것이 동물을 보호하는 데 더욱 도움이 되겠지요.

사람과 동물이 공존하는 방식에는 단 하나의 모범답안만 있는 것은 아닙니다. 주어진 상황과 조건에 맞추어 다양한 대안을 찾는 지혜를 발휘해야겠지요.

반려동물을 키우고 싶어요!

반려동물을 키울 때 가장 중요한 것은 무엇일까요? 반려동물이 죽을 때까지 책임지고 잘 보살펴 주는 것입니다. 반려동물을 끝까지 책임질 마음가짐을 갖추지 못했다면 동물을 집에 들여서는 안 되겠지요.

반려동물과 함께 살기 위해서는 많은 시간과 수고가 듭니다. 사료비를 비롯해 병원비, 용품 구입비 등의 비용도 많이 들고요. 가족들의 동의도 필수입니다. 이 모든 것이 준비되었을 때 반려동물과 함께 살아갈 수 있습니다. 깊이 고민하지 않고 반려동물을 충동적으로 집에 데려오거나 단지 귀엽고 예쁘다는 이유로 기르는 것은 피해야 합니다.

사람들은 반려동물을 아끼고 사랑하면서도 인간 중심의 관점에서 그들을 대하곤 합니다. 주의해야 할 일입니다. 반려동물이 지닌 본성을 잘 헤아려 그들이 본성을 최대한 살리며 살아갈 수 있도록 배려해야 하지요.

타인을 배려하는 것도 잊지 말아야 합니다. 반려동물은 다른 사람이나 동물을 물거나 공격적인 태도를 보일 수 있어요. 반려동물의 배설물과 짖는 소리로 많은 사람들이 불쾌함을 느낄 수 있고요. 이런 일이 일어나지 않도록 반려동물의 '주인'이 세심하게 관리해야 합니다.

반려동물과 우리는 서로 다른 생물종입니다. 반려동물과 함께할 때면 예상하지 못한 일이 얼마든지 일어날 수 있지요. 아무리 친밀하게 교감하고 소통한다 해도 반려동물의 마음을 온전히 이해할 수는 없는 법입니다. 그만큼 반려동물과의 동행은 신중하고 현명하게 결정해야 합니다.

반려동물을 처음 데려올 때는 펫숍 같은 동물 가게에서 사지 않고 유기동물 보호소 같은 동물 보호 센터에서 입양하는 것이 좋습니다. 동물은 상품이 아니니까요. 유기동물이란 버려진 동물을 뜻합니다. 반려동물이 버려지는 이유는 다양합니다. 반려동물을 실수로 잃어버리거나 주인이 죽거나 병들어 마땅히 돌볼 사람이 없어서 유기동물이 발생할 수 있습니다.

그런데 반려동물을 일부러 버리는 사람이 많다는 사실을 알고 있나요? 처음엔 귀여워서 데려왔는데 나중에 크고 보니 외모가 마음에 들지 않는다든가, 병원비가 많이 들어서, 너무 자주 크게 짖어서, 돌보는 일이 힘들고 귀찮아져서 등의 이유로 많은 사람들이 반려동물을 끝까지 책임지지 않고 버립니다.

우리나라에서 한 해에 발생하는 유기동물이 평균 10만

반려동물을 입양할 때

마리가 훌쩍 넘습니다. 2020년에는 13만 마리가 넘는 반려동물이 버려졌고요. 이는 전국의 동물 보호 센터에 들어온 유기동물만 헤아린 것이니 실제 유기동물의 수는 훨씬 많습니다. 동물 보호 센터로 온 동물 가운데 약 42퍼센트가 자연사나 안락사로 죽는다고 합니다. 원래 가족을 찾는 경우는 12퍼센트, 다른 집으로 새롭게 입양되는 경우는 33퍼센트 정도 되고요. 유기동물의 종류는 대부분 개와 고양이라고 합니다.

만약 반려동물을 잃어버렸다면 어떻게 해야 할까요? 현재 우리나라 정부에서는 동물 보호 관리 시스템을 운영하고 있습니다. 'www.animal.go.kr' 사이트에 접속해 살펴보면 내가 잃어버린 동물을 찾아볼 수 있습니다. 길에서 떠돌아다니거나 누군가 버린 것으로 생각되는 동물을 발견하면 지방 자치 단체나 동물 보호 시설에 신고해야 합니다. 혹시라도 불쌍해서 돌봐 주고 싶은 마음에 또는 주인이 없는 동물이라 생각해서 유기동물을 데려가면 처벌받을 수 있습니다. 우리나라 법에선 동물이 물건으로 취급되어 남의 물건을 주인의 허락 없이 가져간 것으로 여겨질 수 있으니까요.

근본적으로 유기동물을 줄이기 위해선 어떤 행동이 필요할까요? 반려동물을 말 그대로 '나와 동등한 평생의 반려'

로 여기는 분위기가 우리 사회에 정착되면 유기동물과 펫숍 문제를 없앨 수 있습니다.

독일은 반려동물 정책에서 가장 앞서가는 나라로 손꼽힙니다. 독일에서는 유기 동물 보호소에서만 반려동물을 입양할 수 있습니다. 동물을 입양할 때는 가족 구성원 모두가 동의하는 절차를 거쳐야 합니다. 만약 개를 입양한다면 동물 보유세의 일종인 반려견 세금을 내야 하고요. 동물 보호소 운영에 사용되는 비용도 지불해야 하지요. 반려견을 완전히 입양하고 난 뒤에는 반드시 국가 관리 시스템에 반려견을 등록하고 예방 접종과 건강검진을 의무적으로 받아야 해요. 독일에서 동물을 충동적으로 사고파는 일은 거의 일어나지 않지요.

2020년에는 독일에서 반려견을 하루에 1시간 이상 산책시켜야 한다는 의무 사항을 규정했어요. 반려견을 혼자 지내도록 내버려 두거나 오랜 시간 한곳에 묶어 두어서도 안 돼요. 이 규정을 어긴다고 해서 처벌받는 것은 아니지만 독일이 동물을 대하는 태도가 어떠한지 짐작할 수 있습니다. 만만찮은 비용과 수고가 드는 반려동물을 제대로 돌보기 위해선 무거운 책임감이 필요하지요.

"동물과 인간은 이 세상의 동등한 창조물이다." 1972년

개정된 독일의 동물보호법 제1조 1항입니다. 독일에서 동물을 권리를 지닌 생명체로 대하는 게 자연스러운 까닭은 이러한 정신이 살아 있기 때문 아닐까요?

인류의 엄청난 힘이 지닌 두 얼굴

앞서 사람의 이기적인 잣대로 동물을 대하는 인간중심주의를 강력하게 비판했습니다. 사람이 다른 생명체보다 우월하고 특별한 존재이며 사람만이 지구의 유일한 지배자이자 중심이라는 잘못된 사고방식이었습니다.

인류는 문명을 발전시키면서 엄청난 힘을 손에 쥐었습니다. 특히 산업혁명 이후에는 지구의 운명을 쥐락펴락할 정도이지요. 문제는 인류가 지닌 막강한 힘을 절제나 분별없이 마구 휘둘렀다는 것입니다. 그 바람에 자연은 회복하기 어려울 정도로 망가졌지요. 동물은 사람이 채운 잔혹한 족쇄에 갇혀 끝없이 고통받게 되었고요. 이렇듯 인류는 탐욕과 오만에 찌들어 자신의 힘을 오랫동안 잘못 사용해 왔습니다.

이제 새로운 인간중심주의가 필요합니다. 새로운 인간중

심주의는 기존의 인간중심주의와 반대되는 개념입니다. 선하고 아름다운 일에 사람의 힘을 사용하자는 겁니다. 겸손한 책임감을 가지고요. 동물을 고통에 빠뜨린 주범이 인류라는 사실을 겸허히 인정하고 우리의 잘못을 성찰하자는 거예요. 이를 토대로 잘못된 현실을 바꿀 책임이 전적으로 사람에게 있다는 것을 깨닫고 이를 실천에 옮겨야 **합니다.** 사람이 일으킨 문제는 사람이 해결하는 것이 마땅**하지요.**

오늘날 동물의 운명은 거의 전적으로 사람**의 손에 내맡겨**져 있습니다. 그만큼 동물에 대한 우리의 **책임은 더할 수 없**이 무겁다고 할 수 있지요. 인류가 **지닌 어마어마한 힘으로** 이 책임을 다하자는 것이 바로 새로운 **인간중심주의입니다.**

사람은 모순적인 존재입니다. 아무리 **동물을 사랑하고** 존중한다고 해도 동물을 이용하지 않고선 살아**갈 수 없지**요. 반려동물에 대해선 관심이 많지만 이들과 똑같은 **고통**을 느낄 줄 아는 수많은 다른 동물에 대해선 무관심하기도 합니다. 이기심을 이겨 내고 더 많은 존재에 관심을 가지면서 동물과 더불어 사는 방법을 고민해야 합니다. 이러한 노력이 쌓임으로써 우리는 동물과 더 나아가 자연과 공존할 수 있겠지요.

인류의 힘이 아무리 세다고 한들 생명을 창조할 순 없습

니다. 사람이 아닌 다른 생명체의 고통이 사람의 것보다 가벼우리라고 여길 근거는 어디에도 없습니다. 우리가 발을 딛고 사는 이 땅은 다른 생명체가 살아가는 보금자리이기도 합니다. 그런데도 인류는 자연을 지배하려 하고, 자신들을 배불리기 위해 동물을 학대해 왔지요. 동물의 영토를 침범하거나 대량으로 죽이면서까지 말입니다. 다른 생명체를 필요 이상으로 잔인하게 다루는 것은 오직 사람만이 저지르는 짓입니다.

이제 이러한 현실을 바꾸어야 합니다. 인도의 정치가 마하트마 간디(1869~1948)는 "한 나라의 도덕적 진보는 그 나라의 동물이 받는 대우를 보면 알 수 있다"고 말했습니다. 이제 동물권은 인류가 지닌 사람다움의 성숙함이 어디쯤 왔는지를 알려 주는 새로운 척도로 떠오르고 있습니다.

동물은 사람이 지닌 엄청난 힘 아래에서 부당하고 억울한 대접을 받아도 저항할 수 없는 절대적 약자입니다. 이런 동물을 보살피고 잔인함에 맞서는 것은 무엇보다 고결한 일입니다. 사람의 참된 위대함과 특별함은 이처럼 다른 존재와 공생함으로써 생겨나는 힘에서 꽃피는 게 아닐까요?

바다로 돌아간 제돌이

2009년 제주 앞바다를 헤엄치던 돌고래 제돌이가 그만 커다란 그물에 걸리고 말았습니다. 우리나라에서는 법적으로 그물에 걸린 돌고래를 발견하면 즉시 풀어 주거나 경찰에 신고해야 합니다. 하지만 그물 주인은 제돌이를 동물 공연 업체에 돈을 받고 불법으로 팔아넘겼습니다. 넓은 바다를 헤엄치던 제돌이는 졸지에 서울대공원의 비좁은 수조에 갇혀 돌고래 쇼에 동원되는 처지가 되었습니다.

다행히 2011년 정부에서 제돌이를 불법으로 거래한 사실을 알아냈습니다. 그 다음 해에는 재판이 열려 제돌이를 포함해 불법으로 잡힌 여러 돌고래들을 공연 업체로부터 몰수하라는 판결이 내려졌지요. 제돌이의 사정을 알게 된 당시 서울 시장은 제돌이를 비롯한 서울대공원에 갇힌 돌고래를 제주도 앞바다에 돌려보내기로 했습니다. 제돌이와 함께 돌고래 쇼에 동원되었던 삼팔이, 춘삼이까지 고향으로 돌아가게 된 거예요. 제돌이와 친구들이 바다로 돌아가기까지 동물권 운동 및 환경 운동을 펼치는 여러 시민 단체의 강력한 요구와 시민들의 호응이 큰 역할을 했습니다.

하지만 제돌이와 친구들은 곧바로 제주도 바다로 돌아갈 수 없었습니다.

야생의 바다에서 먹이를 사냥하는 연습을 하고 변화무쌍한 바다에 적응하는 등의 사전 준비가 필요했거든요. 제주도 바닷가에 설치한 커다란 그물 울타리 안에서 적응 훈련을 거쳐 2013년 7월에 드디어 제돌이와 친구들이 바다로 돌아가게 됩니다. 이 돌고래 방류 행사는 사회적으로 큰 관심을 끌었어요. 많은 사람들이 환호성을 올리며 제돌이와 친구들의 건강과 행복한 미래를 기원했지요.

당시 제돌이를 포함한 돌고래 방류에 반대하는 의견도 만만치 않았습니다. "돌고래들이 야생 적응 훈련을 거쳤다고 해서 매서운 바다에서 살아갈 능력을 제대로 갖추었을까? 다른 돌고래 무리와 어울려 생활할 수 있을까?" 하고 의문을 던지는 사람들이 많았지요. 사실 돌고래는 사회적인 동물이어서 다른 돌고래 무리에 어울리지 못하면 죽음에 이를 수도 있어요.

다행스럽게도 제돌이를 방류한 지 9년이 지난 2022년 1월, 제돌이와 친구들이 100여 마리의 다른 돌고래들과 함께 제주도 앞바다를 힘차게 헤엄치는 모습이 발견되었습니다. 암컷인 춘삼이와 삼팔이가 새끼를 낳았다는 기쁜 소식도 확인되었지요.

　동료와 함께 드넓은 바다를 가르며 신나게 헤엄치는 제돌이와 평생 비좁은 수조에 갇힌 채 강제로 돌고래 쇼를 해야 하는 제돌이 중 어떤 제돌이가 더 행복할까요? 답은 불 보듯 빤합니다. 돌고래가 있어야 할 곳은 인공 수조가 아니라 자연의 광활한 바다입니다.

　자연의 돌고래는 보통 35~45년을 삽니다. 반면 수조에 갇혀 살아가는 돌고래의 수명은 길어야 20년 안팎에 지나지 않지요. 제돌이와 친구들은 자유를 얻어 더욱 건강한 삶을 살게 되었습니다.

　인공 수조에서 제주도 앞바다로 돌아간 제돌이의 이야기는 동물권의 본질이 무엇인지를 일깨워 줍니다. 사람이든 동물이든 자기의 본성에 맞는 자리에서 본래 삶의 방식대로 살아가야 한다는 것을 말이지요.